埃卢传

姜秋月　于丽丽◎著

时代文艺出版社

图书在版编目（CIP）数据

埃卢传 / 姜秋月著 . —长春：时代文艺出版社，2016.4（2023.7重印）

ISBN 978-7-5387-5118-5

Ⅰ . ①埃… Ⅱ . ①姜… Ⅲ . ①埃卢－传记 Ⅳ.①K837.315.38

中国版本图书馆CIP数据核字（2016）第001761号

出 品 人　陈　琛
责任编辑　徐　薇
装帧设计　孙　利
排版制作　隋淑凤

埃卢传

姜秋月　于丽丽　著

出版发行 / 时代文艺出版社
地址 / 长春市福祉大路5788号　龙腾国际大厦A座15层　邮编 / 130118
总编办 / 0431-81629751　发行部 / 0431-81629755
官方微博 / weibo.com / tlapress　天猫旗舰店 / sdwycbsgf.tmall.com
印刷 / 北京市一鑫印务有限公司
开本 / 710mm×1000mm　1 / 16　字数 / 117千字　印张 / 12
版次 / 2016年4月第1版　印次 / 2023年7月第3次印刷　定价 / 36.00元

图书如有印装错误　请寄回印厂调换

目录
Contents

附 录

他从黎巴嫩移民到墨西哥，却摇身一变成为墨西哥的商界领袖；他生在一个普通的家庭，却有着非凡的商业经历；他是一个极具争议的垄断巨头，和高层官员关系密切，致力于改造墨西哥。他，就是被誉为"拉丁美洲狙击手"的卡洛斯·斯利姆·埃卢，一位在墨西哥翻手为云覆手为雨的黎巴嫩移民后裔，他名下的企业几乎涉及墨西哥工商业的各个领域。据说，在墨西哥，不管是打电话还是上网，或是购物，或是出差，都要通过他旗下的企业，他的商业帝国覆盖了整个墨西哥，几乎每一位墨西哥的消费者都会付钱给他。

他被人称为墨西哥电信巨头，墨西哥70%的电信市场都被他所占据。2007年3月，英国《独立报》曾报道：卡洛斯·斯利姆·埃卢现年67岁，个人总资产490亿美元，相当于墨西哥年度生产总值的6.3%。他的商业帝国里，除了电信产业还有烟草、互联网服务、保险、银行、购物中心、餐饮、音像、汽车配件等等，单是埃卢的企业雇员，就有25万人之多。美国威廉玛丽学院墨西哥问题专家乔治·格雷森曾说："埃卢的产业简直就是从摇篮覆盖到坟墓。墨西哥就像一个'埃卢王国'，他无处不在。"在短短的时间里，埃卢的身家狂增了190亿美元。截止到2010年，他名下各类企业的总市值达到一千多亿美元，将近墨西哥股市总市值的一半，而他的财富总额相当于墨西哥国内生产总值的8%。2010年3月10日的美国《福布斯》杂志曾在纽约揭晓了2010年度亿万富豪排行榜，这位来自墨西哥的黎巴嫩移民后代高居世界富豪榜榜首。全球各大媒体争相报道一个新的爆炸性消息："墨西哥电信大亨卡洛斯·斯利姆·埃卢以530亿美元资产，取代美国微软公司创始人比尔·盖茨成新的世界首富，成了墨西哥的一张名片。"

这一报道轰动了全球，人们对卡洛斯·斯利姆·埃卢产生的疑问颇多。为什么他的长辈要离开黎巴嫩？他们是怎么在墨西哥站稳脚跟并成为墨西哥的主人的？他受过怎样的家庭教育？他较之于常人有哪些过人之处？他是怎样从一名数学老师成为墨西哥商圣的？他的妻子是个怎样的人？他是怎样把富可敌国的财富收入囊中的？他是怎么从墨西哥走向拉丁美洲继而成为拉丁美洲的狙击手的？

在这里，本书会给您解析这一连串的疑问。以世界新首富埃卢的成长和成功为背景，挖掘他如何从一位黎巴嫩移民之子成为墨西哥首富，最后登顶世界首富。本书归纳和总结了首富的商业成功之道、商战之术和管理艺术，不仅展示了一个鲜活的埃卢发展轨迹，并且提炼了他的成功经验，给渴望成功的人以启发和借鉴。其实有些时候，你不得不承认，有这么一群人，他们具有成就事业的信心和创造财富的智慧。当你给他们一个适合的舞台时，他们很快就会成为耀眼的明星，而如果所处环境不是他们想要的，他们就会迁移到自己适应的生存环境中去，从而创造自己的产业帝国。 比如说埃卢，他就是这样的人。埃卢自己和他的祖辈们一样，在不断迁移，不断地超越自我，但从不认为这是自己的能力，而认为是造物主的恩赐。这样就避免了自大和骄傲，使得迁移的过程能够不断地继续，使得自己的商业帝国不断地上升到新的高度。这么一个传奇的人物，到底在商界有着怎样惊天动地的崛起故事呢？通过了解埃卢，我们对商业本身和人生的意义都会有一个全新而又深刻的认识。

第一章 在苦难中坚强地成长

1. 从黎巴嫩移民的历史原因

希腊船王亚里士多德·欧纳西斯曾经说过：可以肯定的是，无论你处在一个多么糟糕的时代，它总是会蕴含着一些机遇。

19世纪初期，世界刚刚跨入工业化时代的门槛，老牌资本主义帝国正面临新兴工业国家的挑战，在新与旧的对立中，各种矛盾逐渐浮出水面。在这个历史的关口，世界正发生着自人类诞生以来最大的一次融合。一些昔日耀武扬威的帝国正在被瓜分瓦解，奥斯曼帝国被分割成多个小国家，且各自纷纷独立，到了19世纪后半期，长时间处于奥斯曼帝国统治下的黎巴嫩陷入了动荡，而东半球的印度等一些国家，分别成为各强国的殖民地与半殖民地。此次的大动荡，使这里变成大量移民输出地。整个中东地区变成了利益争夺的战场。奥斯曼帝国的瓦解，各省在工业帝国的支持下，以民族主义的名义独立，但西方党派政治却随即介入，人民无法忍受傀儡政权的统治，于是各省各地又掀起大小不同的党派斗争，内乱不断。

1902年，由于不堪忍受黎巴嫩不断的内乱、动荡的社会环境，同时也为了彻底改变斯利姆家族的世代命运，埃卢的父亲——年轻的朱利安·斯利姆随埃卢的祖父来到了资源丰富的富庶之地墨西哥。另外，也有报道宣称：当年埃卢的祖父移民墨西哥与来自土耳其的政治迫害有关。但不可否认的是，也正是因为这次迁移，才为这个未来的世界首富打开了以后的商业之路。

当时的墨西哥是"白银帝国"，处于波尔菲里奥·迪亚斯总统的统治之下，是经济发展的黄金时期。波尔菲里奥·迪亚斯是一个在瓦哈卡出生的混血儿，他经过10年的政治经济改革将墨西哥推上了稳定的发展轨道。与此同时，他还在墨西哥修建了数十处宫殿式建筑，让公共娱乐得到了快速发展，加之铁路运输事业与欧美市场的贸易往来，使得墨西哥出现货物运输方便、采矿业繁荣、娱乐业歌舞升平的一派新景象。

来到墨西哥后，斯利姆一家以商人的身份很快在墨西哥开始新的生活，并开始做深入的考察，渴望找机会重操旧业。埃卢的祖父和埃卢的父亲，也可以说是他们的民族，或许天生就有着挖掘财富的天赋和对市场敏锐的洞察力，这次迁移似乎让他们找到了适合自己生存的环境。很快，埃卢的父亲朱利安·斯利姆在墨西哥城最为繁华的国家宫殿附近，开办了第一家卖干货的店铺。由于对故乡特殊的感情，加上他们是从中东流落到墨西哥的，所以他们把这个店取名叫作"东方之星"。

由于店铺位置正处在墨西哥城的繁华国家宫殿附近，地处交通要道，加上朱利安·斯利姆独特的经商之道，让"东方之星"在短时间内成为墨西哥城内最有名的商号。在陆续开分店的过程中，埃卢的祖父老斯利姆很快让儿子朱利安·斯利姆成长为一名地道的阿拉伯商人，精明、勤奋、睿智等阿拉伯商人所特有的个性在他的身上发挥得淋漓尽致。就这样，埃卢的父亲朱利安很快成了墨西哥具有雄厚实力的商人，同时积累了广泛的人脉，在异乡墨西哥的商场上发展得如鱼得水，游刃有余。

埃卢全家的迁移，是从一个不适合自己的状态转换到另一个适合自己的状态，以此寻找自己新的发展之路，让自己不断地得到提升，从而获得不菲财富和更宽、更广的商业之路。

2. 摇身成为墨西哥的主人

有句名言说：机会总是留给有准备的人的。这句话简直就像是对埃卢的父亲朱利安·斯利姆说的一样。

1910年，弗朗西斯科·马德罗以怀疑墨西哥总统波尔菲里奥·迪亚斯的权力的合法性为由，号召墨西哥全城的人来反抗波尔菲里奥·迪亚斯总统的独裁政权，发动了激烈的反特权、反殖民的斗争，也是一次以土地变革为主的反抗斗争。

1911年5月13日，弗朗西斯科·马德罗领导的墨西哥反政府武装，向北部城市托雷翁发起进攻。长期效忠波尔菲里奥·迪亚斯总统的联邦政府军队于两天之后放下武器向弗朗西斯科·马德罗投降，从而撤出托雷翁城，弗朗西斯科·马德罗的军队便驻扎进来。但是，战争之后便是肆意屠杀，这次叛乱也是如此，跟随着叛军进城的是可恶的暴民，他们像瘟疫般突然出现在墨西哥托雷翁城内的商业大街，大肆屠杀并洗劫那里的商户。在短短十几个小时之内，造成震惊世界的屠杀流血惨案。无奈之下，墨西哥前总统波尔菲里奥·迪亚斯流亡欧洲。这场战争先后长达7年之久，大约200万人丧失了无辜的性命，矛盾和冲突一直不间断地爆发，整个托雷翁城弥漫着血腥味，直到1917年开始制定宪法，战争才开始停息。

长期的战乱和动荡使有着"白银帝国"之城的墨西哥经济遭受到前所未有的打击，不仅经济发展停滞不前，就连政治上也动荡不安。这样的情形对于大多数人来说，都是一场无法避免的灾难，因为战争使人家破人亡，流离失所。但对于睿智、精明、勤奋的朱利安·斯利姆来说，这次战争结束后带给他的是百年不遇、无法估量的商机。

就在这个动荡不安的时代，一向低调的埃卢的父亲朱利安·斯利姆出手了，他看清了战争的实质，看到了墨西哥城未来土地的发展商机，于是开始大肆收购墨西哥城中位置优越的房产地产，尤其是前总统在西班牙殖民地时期留下的旧建筑。这些旧建筑风格在当地已经是古董级的建筑了，对于墨西哥人可能没什么过深的印象，可对于朱利安·斯利姆来说，这些古老建筑所占据的土地，绝对是一次一本万利的投资。事实证明他的想法没有错。1917年2月，上任4年的新总统卡兰萨通过颁布新的宪法来结束持续多年的墨西哥革命。随即，为了稳固初期政权，为了让墨西哥进入正常的发展轨道，为了墨西哥经济得到快速的恢复和发展，总统卡兰萨开始对所有土地进行产权确认，并通过新颁布的宪法来保障产权和所有人的权益。朱利安·斯利姆在最危急的时刻大胆地开始投资，又耐心地等待，终于，他成功了。

朱利安·斯利姆的整个家族终于挺过来了，他用自己的智慧把家族未来的发展和一个国家的命运牢牢地绑定在了一起。土地产权确认后，朱利安·斯利姆初期低价囤积的房产大大增值，一夜之间暴富，他也从一个颇有名气的小商贩摇身一变成为墨西哥的资本家，成为墨西哥城中的权势家族，完成了由商贩到成为这个国家真正主人的蜕变。

从移民墨西哥到成为墨西哥的主人，他们历经30年，而30年之后，埃卢的祖父，也就是斯利姆家族开始进入真正的鼎盛时期。1940年1月28日，一个新的生命呱呱落地，这是朱利安·斯利姆的第六个孩子，也就是以后继承家族产业、把斯利姆家族的商业帝国覆盖到整个拉丁美洲、摘取各行业桂冠、并荣幸地超越比尔·盖茨走向世界首富宝座的埃卢。

3. 摇篮里学来的低买高卖

埃卢的父亲朱利安·斯利姆曾经这样教育自己的孩子：商业的本质就是创造条件让一样东西发挥出最大的价值，从这个角度来说，家庭教育也是一种最重要的商业活动。我们前文也说过，在这个世界上有这样一种民族，他们有着非常敏锐的财富嗅觉和天生的经商头脑，而在黎巴嫩人没有移民的时候，他们就已经精通经商之道，那就是低买高卖的商业才能。而朱利安·斯利姆从移民到主人的成功转变，更让我们意识到，他不仅是低买高卖的佼佼者，更是埃卢日后成为商业天才的启蒙老师。

早在黎巴嫩人的祖祖辈辈没有移民的时候，他们就有了低买高卖的本领。公元前八九世纪，南欧地区进入了铁器时代，巴尔干半岛开始广泛使用铁制的剑、犁头等等。也就是在这一时期，从巴勒斯坦兴起的腓尼基人在北非建立起迦太基王国，他们把地域辽阔的地中海当成自己的交易场所，采用低买高卖的经营方式将北非和阿拉伯地区的特产转卖给意大利和西班牙，在转卖的过程中赚取高额的差价。经过世世代代的传承，腓尼基人虽然日渐败落，但是他们经商的天分却代代流传下来，传到西亚地区的各个后世子孙的部落里，也就是说，低买高卖的经商之道是由朱利安·斯利姆的祖先传承下来的。

而卡洛斯·斯利姆·埃卢的父亲不但继承了祖先赋予的天赋，更继承了祖先们特有的教育观念。他们的祖先，教育孩子有一种独特的方式。当在城市经商的父母把孩子带在身边抚养到五六岁的时候，就会把孩子送到乡下，寄养在随便找的养父养母家里，并给其养父养母一定的物质报酬，因为这在当地是一种民族风俗，得到了所有人的认同，所以他们很乐意充当养父养母。这种教育方式是一种文化传统，不管经历多么大的苦难，哪怕从腰缠万贯的富翁衰败到一贫如洗的普通人，只要世界上还有穷苦的人，他们就不会害怕，他们很快就会相谈甚欢，并借助自己以往的成功的经验，以另一种方式、从另一个角度重新崛起。

由于时代的变迁，从祖辈沿袭下来的习惯虽然已不再坚持使用，但从小教育孩子深入民间底层社会、了解人们疾苦生活的传统，仍被埃卢的父亲所传承、所接受。

埃卢8岁以后，他的父亲朱利安·斯利姆就开始带着他一起上班，让埃卢到店里帮忙。本来以他们的家庭条件是可以坐车的，但埃卢的父亲总是坚持步行。朱利安不停地向埃卢介绍眼前所看到的一切，更多的是涉及一些与商场商业有关的问题。他们父子一起评论各个商铺的运营状况，以及最近市场上流行、畅销的商品。这样，不仅可以培养埃卢发现商机的敏锐嗅觉，还可以让他看到沿途中遇到的各种各样的人。当遇到穷人乞丐的时候，父亲的施舍不仅可以让埃卢有一颗善良的心，也给他带来了心灵的震撼。当他看到那微不足道的几毛几分钱在穷人眼中显得那么重要时，他的节约课程就在不知不觉中讲授完了。这种让埃卢亲身感受的教育方式，成就了他以后谦虚、低调的首富生活。后来的一次采访中，埃卢还对第一次到店里帮父亲忙的情景记忆犹新，他说："记得那是一个很干净的清晨，我和父亲一起步行到店里，步行，不仅使我的身体得到锻炼，还可以看到现今的市场状态和竞争对手的一些情况，同时也感受到了墨西哥人的生活状态。那真是一个受益匪浅的清晨。由于父亲对我的商业教育，之后的日子里，我几乎每天对于童年印象最深的记忆就是和父亲一起看账本时的画面。"

等到埃卢年龄稍长的时候，父亲朱利安·斯利姆就会在每个星期都分给他5比索的零花钱，并要求他要明确地记下这些钱的花销，随后还总是会抽时间来检查埃卢记录的账单，看完账单后父亲会帮助他详细地分析，每笔钱的花费是不是都是正确的和怎样提高这些钱的利用率，怎么使用这些钱会更合理。直到现在，埃卢办公室的书架上，仍旧保存着5本儿时的账本，这其中记录着他买玉米饼、油炸圈、饮料与一些零食等等的支出。那些已微微泛黄的歪斜的字体对于埃卢的成长是一种无声的见证。

在最初埃卢到店里给父亲帮忙将近三年的时间里，朱利安·斯利姆只给他安排了一份简单的工作，就是记录。记录每天的商品交易量，在一天的工作结束之后，朱利安·斯利姆会给埃卢讲解他所记录这些数字背后隐藏的东西。比如说，货品的价格上涨就意味着市场需求量有所增加；货品交易量的增加虽然意味着市场需求增大，但却不能轻易地抬高货品的市场价格；如果一个商人想要把生意经营得长久、红火，就应该更关注利润的总和而不是单纯的、一段时间的利润等等。除此之外，埃卢的父亲朱利安·斯利姆还非常勤奋。他总是说："休息只是一天辛苦劳作之后的奖赏。"因此，朱利安·斯利姆的店铺总是比墨西哥城内的其他店铺早开业半个小时，这样一来，假如朱利安·斯利姆走在街上看到其他店铺出台新的商业政策、哪家店铺减价处理商品或新商品上架的时候，可以让自己有足够多的时间来想出应对的活动方案。正是这种摇篮里的商业教育，让埃卢逐渐开始变得更加智慧，变得对商业活动表现出极高的兴趣和热衷。

朱利安·斯利姆对埃卢第二个深远的影响就是对国家坚定不移的信心。他曾经对埃卢说过："一定要热爱祖国，热爱墨西哥，不管国家陷入多么严重的危机，墨西哥都不会颓败。只要你对这个国家有信心，任何恰到好处的投资最终都会得到好的回报。"这就是朱利安·斯利姆灌输给自己孩子的爱国思想和经商理念。或许在朱利安·斯利姆的潜意识里，商业上的成功已经让他把墨西哥当成了自己国家、自己的第一故乡了。

第二次世界大战以后，墨西哥开始进入工业时代，大量的人口逐渐迁入墨西哥城中，进入各行各业工作。1948年美国宝洁公司在墨西哥第一家分公司的成立，标志着墨西哥已经开始引进外资。墨西哥的日益繁荣发展给斯利姆家族提供了非常好的商业契机，这个时期的经历更让朱利安·斯利姆对墨西哥的未来之路信心百倍，因此他也经常告诉儿子墨西哥的优越条件和对墨西哥要有足够的信心。

父亲朱利安·斯利姆给埃卢的教诲和智慧影响了他的一生，并且成为他以后在成就自己商业帝国时投资的座右铭。无论是之后的收购狂潮、还是垄断墨西哥电话公司，都表现出他对国家未来发展坚定的信心，也正是这一坚定的信心，开创了未来卡洛斯·斯利姆·埃卢攻无不克战无不胜的商业帝国。

4. 初试牛刀的投资却敲开了成功的大门

人们常说："近朱者赤，近墨者黑。"埃卢在父亲朱利安·斯利姆的耳濡目染和独特的家庭教育下，对投资产生了浓厚的兴趣。埃卢比其他同龄的孩子更早地拥有了财富意识，他从父亲给自己的零花钱中逐渐学会了理财，并用攒下的零花钱开始他自己一些初试牛刀的投资。

有一天，埃卢像平时一样走在上学的路上，一边哼着歌，一边用机智的目光四处打探，看看今天能不能发现什么新的东西。当他走到一个路边的小亭时，看到很多孩子都挤在里面。过去一看，才知道原来今天这个货亭新进了一批棒球卡片，这些棒球卡片上印有当时墨西哥棒球队队员的照片，受到当地学生们的喜爱和追捧。但学生们往往都是有选择地买，选择表现最好的球员，然后拿着印有球员照片的棒球卡片互相比美。埃卢看到这，灵机一动，把那些他认为表现好的印有球员照片的卡片全部买入自己的囊中。结果不出他所料，埃卢看重的几个球员很快都有了优秀的表现，学生们争先恐后地去买那些印有热门球员的卡片，但却告知所有的卡片都已经销售一空，如果想买，可以去找埃卢。于是，在孩子们的抢购下，埃卢借此机会高价卖出，赚了一笔不菲的零花钱。小小年纪的埃卢，那敏锐的商业意识和敢于出手的魄力，在当时已经初步显现出他经商的天赋。

低买高卖棒球卡片的成功，促进了埃卢赚钱的欲望，让他对商业投资充满了信心。在父亲的言传身教和自己对投资兴趣的驱使下，12岁时，埃卢就开始了自己人生的第一次投资——购买国债。

我们知道，第二次世界大战爆发之后，整个墨西哥城正处在发展基础建设时期，由于当时资金运转出现问题，就在国内发行了不少国债。埃卢在父亲的鼓励下，购买了一批国债。事实证明他的目光是精准的，这个投资的方向也非常正确，随着墨西哥经济的不断恢复发展，埃卢这次购买的国债竟然升值了三十多倍。这更加坚定了日后埃卢投身商海的信心。

好景不长，埃卢就迎来了自己人生最大的一次挑战。和所有勤奋、精明、能干的商人一样，埃卢的父亲由于劳累过度，导致身体素质不好，长期卧病在床。埃卢15岁那年，父亲朱利安·斯利姆的病情加重，没过多久就撒手人寰，临终时他嘱托埃卢要照顾好家人，并协助兄长打理好家族的产业。虽然当时埃卢只有15岁，在家中排行老五，可他的经商天分和能力却不容忽视，所以埃卢过早地承受了失去父亲的悲痛，并承担起很大一部分家庭责任，不过他却也因此学会了自主、自立、坚强的生活习惯。在家里，他练就了一副家长式的工作作风，把每个细节都照顾得很周到。这为他后来管理自己庞大的企业集团、合理地任用管理人员奠定了一定的经验和坚实的基础。

由于家里的兄弟比较多，因此在很长一段时间里，埃卢的大部分投资活动都是独立自主的私人投资，很少涉及到自己的家族企业。埃卢17岁那年，他已经学会了炒股。一开始时，埃卢利用做小买卖的积蓄投资股票，可他的投资天分却让他在股票市场上收益颇丰。当时，墨西哥政府正着手于办理将关系国计民生的、由美国资本家掌控的企业赎回归本国所有，期间正是双方的冷战初期，国际局势相对也很紧张。墨西哥虽然是介于两大阵营之间的国家，明确表示会和美国站在统一战线上，这仍不能让美国放心，美国人担心墨西哥也会走上社会主义道路，所以许多美国投资者纷纷抛售股票，一时之间，货币疯狂贬值，外资纷纷撤离，国内绝大多数投资者也退避三舍。这时，埃卢想起父亲的教诲，"一定要热爱祖国，热爱墨西哥，不管国家陷入多么严重的危机，墨西哥都不会颓败。只要你对这个国家有信心，任何恰到好处的投资最终都会得到好的回报。"他毅然决然地把自己的所有积蓄都用来买这些被美国人低价抛出的股票，因为他坚信自己的国家永远不会消亡。这批股票果然没有让他失望，到了埃卢20岁时，他的账户里的存款已经超过4600美元，在当时的墨西哥，这可是一笔不小的数目，而这些存款，都来自他的那次牛刀初试的股票投资。不久之后，埃卢又把这些资金投资到期货当中。或许，他真的是一个天才投资家，又或许喜欢尝试新鲜的事物，而且喜欢把刚刚学到的理论知识运用到实践当中，这也为他日后采取多元发展奠定了发展的基础，投资多面手的特性在埃卢的身上已经初露端倪。

这时或许我们心中不禁会猜想：接下来埃卢一定会接掌父亲朱利安·斯利姆留下的店铺，经营自己家族的企业。可让人出乎意料的是，1961年毕业于墨西哥国立大学土木工程系的埃卢却选择当一名教师，至于其他的商业活动或投资，他也只是在业余的时间才去做。埃卢先后在墨西哥城内几所著名的学院教授课程，同时利用闲暇的时间来做期货投资。除了期货投资之外，他还投资了一家生产啤酒瓶的工厂，这让他又额外增加了可观的财富。

就这样埃卢走过了教书育人和商业投资的平淡5年。但是后来，一次偶然的事件彻底地改变了他的人生选择，也是他真正地创造埃卢商业帝国的开始。

那是1967年的一天，埃卢接到了拉丁美洲经济委员会的邀请为其国际机构讲课。在跟该机构委员会接触的过程中，埃卢逐渐地意识到：商业活动不只是简单的低买高卖，所谓的低买高卖只是他从摇篮里学来的最简单、普遍的一种经商之道；而真正的商业活动是与国计民生联系在一起的，它可以对一个国家的国计民生产生影响，可以改变很多人的命运。同时，埃卢还意识到，商业活动的核心本质是合适地分配社会资源，真正成功的商人不是那些腰缠万贯、生活富足的人，而是可以利用相同的资源来产生最大利益的人。这一认识让埃卢从根本上改变了他从小对商业活动的理解和定义。与此同时，埃卢的兄长也一再要求埃卢回到自己家族企业。在这两种因素的主导下，埃卢接受并掌管了自己的家族企业，这时，他才真正地走上经商之路。

1971年，一向地广人稀、农副食缺乏的墨西哥迎来了一个丰收年，举国上下一片欢腾。粮食丰收了，粮价自然就会随着市场的供求量开始下跌，墨西哥城的老百姓很高兴，但那些做粮食期货的商人却被愁云笼罩着。如果按预期定价，他们从货商手中收购粮食的价格必须要高于市场价很多才可以，为了减少损失，这些做期货的商人们纷纷抛售手中的期货。埃卢这时也做期货，但他与其他商人不同，他不但没有抛售手中的期货，反而竭尽全力地把市场上抛出的期货全部收归己有。自小受父亲朱利安·斯利姆爱国思想熏陶的他坚信，政府不会看着粮价大跌而不采取任何措施，因为这样会影响农民种田的积极性，并且会抬高明年的粮价。在经过很长一段时间内，粮价依然大跌，那些成功抛出手中期货的商人们正暗自高兴期货出手的时候，墨西哥政府却为了控制粮价对来年生产的负面影响而开始投入巨资，大量收购粮食，随着新政策的出台，市场上的粮价也立刻跟着回升，这时，埃卢才抛出自己手中的粮食期货，借此机会大赚了一笔。

此后埃卢便用自己精准的眼光，横扫每一次危机过后的墨西哥，把很多别人看来一文不值的企业收购到自己的囊中，用独到的管理方式和十足的干劲儿，让这些企业一个个地起死回生，为自己创造无限的财富价值，使自己逐渐走向了未来的成功之路。很多年以后，有一位来自美国的记者问他："你为什么这么努力？到底是什么可以让你坚持不断地努力？"埃卢平静地回答："金钱带给人的满足是有限的，对于账户里有着几千万的存款来说，他们追求的往往是比金钱更重要的东西。而我想要的，就是最大限度地发挥自己的潜能，让这个世界上有限的资源得以发挥最大的作用，我作为一个商人，可以利用价格或其他市场手段来达到这个目的。而且我发现，我的企业越大，我离这个目标就越近，我也更有能力去实现它！"

5. 爱人索玛娅

人们常说："成功男人的背后，总离不开一位伟大女人的支持。"对于这句名言，卡洛斯·斯利姆·埃卢有着切身的感受。

1966年，26岁的埃卢刚刚度过了事业彷徨期，在几年的经商实践中，他逐渐地对商业有了自己的独特的认识和见解。他总是这样说："我觉得商业的目的就是要改变社会。钱的作用是用来分配资源的流向，从这个意义上讲，商人要成功，就必须学会把钱用在最需要它的地方。做人也如此，我并不认为自己会是个很好的老师，或是个很好的官员，但我相信自己会是个很好的商人……"埃卢作为一个移民者的后代，有着比其他人更强烈的集体意识。他不但对自己的祖国墨西哥有着非常坚定的信心和热爱，还经常关注自己的故国黎巴嫩，尤为关心长期居住在墨西哥的黎巴嫩人，并经常去参加一些团体活动。

就像中国的古城大理有洋人街一样，在墨西哥，有一个几乎是专属于阿拉伯人的聚居区。因为阿拉伯人多数都信奉伊斯兰教，按照伊斯兰教的教规，每个星期的星期五，人们都要聚集在离自己最近的一个清真寺进行集体的膜拜，之后做各种商业投资的人们在一起吃饭，互相讨论、交流、学习生意上的事情。埃卢当然也不例外，他经常参加这样的聚会，也因此结识了不少来往于黎巴嫩和墨西哥之间的阿拉伯商人，这其中就包括他未来的岳父达米特老先生。

由于埃卢对商业独到的认识和见解，在聚会中他常常是备受关注的人物。在一次商业聚会中埃卢遇到了在墨西哥制鞋业很有名气的达米特先生，两人很快就开心地聊了起来。在得知埃卢为了继承父亲遗愿而放弃了数学教师的职业选择下海经商之后，达米特很为埃卢惋惜，并劝他继续回到学校做教师，或许以后会有更大的作为。要知道，这个时候的埃卢可不是一般的数学教师，而是应邀在拉丁美洲经济委员会讲课的教师。这样的职位对以后的前途发展非常有利，很容易进入政界。中国有句古话说：学而优则仕。这种观念不仅在中国有着不可动摇的地位，在重视传统的阿拉伯人心目中似乎也有着非常重的分量。再加上阿拉伯人都处在寄居他乡的境地，他们都发自内心地渴望自己的同胞能够在墨西哥政界身居要职，从而为自己争取更多的权利。

埃卢淡淡一笑，自信地说出那些自己的见解，也就是我们前文中提到的："我觉得商业的目的就是要改变社会。钱的作用是用来分配资源的流向，从这个意义上讲，商人要成功，就必须学会把钱用在最需要它的地方。做人也如此，我并不认为自己会是个很好的老师，或是个很好的官员，但我相信自己会是个很好的商人……"此话一出，达米特老先生立刻被眼前这位年轻人的见解和自信所折服，他非常欣赏埃卢，并和埃卢相约下次再谈。在之后多次交往中，埃卢和达米特开始慢慢地熟络起来。在埃卢得知达米特老先生还有个女儿，并和他同龄时，他非常高兴。就像中国古代的"父母之命媒妁之言""门当户对"的传统一样，阿拉伯人也比较注重传统观念，他们择偶的标准是，最好和自己家庭背景相近的人成婚，也就是所谓的门当户对，关系到两个家族的利益、声誉等等，这样组建起来的家庭会更稳定。阿拉伯人不仅仅是停留在对经济水平的要求与考量上，更侧重于文化背景、生活方式以及对一些重大问题能否达成基本的共识上。而达米特老先生因为对埃卢的欣赏，也非常赞成这门婚事，很快他就征求双方家人的意见，将女儿索玛娅嫁给了埃卢。

埃卢家族和达米特家族不管在墨西哥还是黎巴嫩，都是名门望族，而索玛娅是黎巴嫩前总统阿明·杰马耶勒的侄女。生长在如此优越环境中的索玛雅，最难得的是她不像一般的富家子弟那样刁蛮任性，她非常勤快，而且还富有同情心。在当时，很多富家子弟都瞧不起教师，他们往往以取笑老师为乐。索玛娅却和他们不一样，她从小就表现出了温婉可人的天性，并且总是同情弱者，有着一颗非常善良的心。

索玛娅不仅美丽善良，而且还很有涵养，懂得相夫教子，并且生活节俭。和她接触的人都会被她的真诚和善良所感动，也许是人们想不到墨西哥的大富豪背后会有这样一位伟大的妻子。索玛娅不但拥有了阿拉伯传统女性的优良品德，同时她也有现代女性时尚优雅的一面。因为她在墨西哥接受的是西方现代化的教育，所以她把阿拉伯人对艺术特有的喜好转向到了西方艺术。和丈夫埃卢一样，他们都喜欢艺术，常常会收藏一些自己喜欢的艺术品。不过索玛娅不是为了显富和比美，她每次都会选择价格不高、但自己喜欢的艺术品，她把这个作为一种爱好，而不是像丈夫一样进行投资。这和中国的女性非常像，不仅知书达理，还优雅高贵。

其实阿拉伯的传统文化也和中国的古老传统极其相似，婚后妻子需要把所有的精力投入到家庭中，不但要打理好丈夫的饮食起居，还要照顾好孩子和承担起所有的家务。虽然索玛娅出身名门，却没有骄横跋扈，她和所有的典型阿拉伯妇女一样，婚后认真细致地打理好家庭生活中每一件事情。后来，他们有了6个活波可爱的孩子，由于埃卢整天忙于事业，所以照顾孩子的重任就全部落在索玛娅一个人的身上。对于一个女人来说，一个人要照顾6个孩子是很辛苦的事，但索玛娅从小受阿拉伯传统教育的熏陶和影响，她并不觉得这些孩子是自己生活的负担，她认为这些都是应该的，女人就应该在家里相夫教子，默默地在丈夫背后支持他，而丈夫则必须要全身心地投入到事业中去。

妻子索玛娅是这样认为，但已经脱离阿拉伯传统文化熏陶的丈夫埃卢却认为：妻子的做法实在是让他太感动了，这是他欠妻子的一笔债务，他需要用不断的努力和攀升，以商场上的出色表现和成果来回报妻子。在家庭生活方面，埃卢虽然从没有对外界提及过与自己风风雨雨、同舟共济、患难与共的妻子，但是埃卢的一举一动，却都能让人看到妻子索玛娅在他心中的地位。为了自己表达对妻子的深情和感激，之后埃卢在组建自己的第一个工业集团时，把自己和妻子的名字组合在一起，为新公司命名为卡尔索集团，卡尔索集团的名字来自埃卢自己的名字卡洛斯·斯利姆·埃卢和他的妻子的名字索玛娅·达米特的合体。他从来不把自己的商业成果和功劳据为己有，他认为在这里面也有妻子的一份功劳，如果没有妻子的理解和支持，他也不会有今天的成就。

家庭生活上有了妻子索玛娅的默默付出，为他保障了后方的安宁，照顾好了孩子，打理好他的饮食起居，这让埃卢在商场上的奋斗更加得心应手。埃卢和妻子的感情一直很好，家庭和睦、事业有成，这让所有成功人士都望尘莫及，但埃卢都拥有了。但命运又跟埃卢开了一次邪恶的玩笑，就像安逸的少年时代父亲突然病重去世一样，功成名就的埃卢还没来得及尽情享受天伦之乐，1999年，在埃卢的事业蓬勃发展时，陪伴自己三十多年的妻子索玛娅因为肾病去世。这给埃卢的人生带来了第二次沉重的打击，他曾经一度痛苦不已，同时他更为自己因为事业而冷落了妻子，没有帮她照料家务，给她足够的呵护而自责。此后，埃卢一直独居不曾再婚，埃卢的孩子们知道父亲的痛心和遗憾，了解父亲对母亲的一片深情，为了排遣父亲的孤独，不让父亲一人抽着雪茄独坐无语，孩子们送给埃卢一个笔记本电脑。但对埃卢来说，依然是没有办法排解他对妻子的思念之情。之后提及这件事，埃卢总是很和蔼地笑着说："孩子们送我这个礼物已经很久了，可是到现在为止我会的仍然只是很生硬地敲击键盘。"

妻子去世后，埃卢经常对着妻子收藏的那些艺术品发呆。后来，埃卢也收藏了大量的艺术品，他建立了一个以妻子名字命名的博物馆，即索玛娅博物馆，用来陈列他和妻子的艺术收藏品，以此来表示对妻子最深切的怀念。

妻子的过世曾经让埃卢一度沉迷在心痛之中，痛定思痛后的埃卢终于从自责中走了出来。他开始重新思考人生，他想起了自己年轻时对商业的独特的见解："钱的作用是用来分配资源的流向……"想到这一点，他把商业上的许多事项进行分割，安排自己的儿子、女儿、女婿们去负责一部分工作，自己则从繁复的商业活动中解脱出来。成功抽身之后，埃卢也没有闲着，而是投身到了慈善事业当中，致力于协助墨西哥政府改善墨西哥穷人的社会地位，以及解决墨西哥普遍存在的贫富差距问题，成了拯救墨西哥的大慈善家。

第二章　埃卢商业时代的传奇

1. 带刺的玫瑰——墨西哥

这一章，大家了解的是关于埃卢在墨西哥成就自己商业帝国的过程。作为埃卢商业旅程中最重要的国家，大家有必要先来对墨西哥的地理、气候、人文有一个粗略的了解。

墨西哥是拉丁美洲的第三大国，同时也是中美洲最大的国家。它位于北美洲南部，拉丁美洲西北端，是南美洲、北美洲陆路交通的必经之地，素有"陆上桥梁"之称；它北邻美国，南接危地马拉和伯利兹，东濒墨西哥湾和加勒比海，西临太平洋和加利福尼亚湾；它海岸线长11122公里，其中太平洋海岸7828公里，墨西哥湾、加勒比海岸3294公里。有300万平方公里经济专属区和35.8万平方公里大陆架。

从气候方面来说，墨西哥气候复杂多样。沿海和东南部平原属热带气候，年平均气温为25～27.7℃；墨西哥高原终年气候温和，山间盆地为24℃，地势较高地区17℃左右；西北内陆为大陆性气候。大部分地区全年分旱、雨两季，雨季集中了全年75%的降水量。年平均降水量西北部不足250毫米，内地为750～1000毫米，墨西哥湾沿岸中部与太平洋沿岸南部为1000～2000毫米。因墨西哥境内多为高原地形，冬无严寒，夏无酷暑，四季万木常青，自然条件极其优越，年平均气温为26℃，被人们冠以"高原明珠"的美称。

就墨西哥的人文方面而言，墨西哥是典型的资源型国家，地大物博、地广人稀。截止到2009年7月底，据统计，墨西哥总人口1.12亿，在拉丁美洲仅次于巴西，居第二位，位居世界第十一位。其中印欧混血人种占90%，印第安人占10%。它的官方语言为西班牙语，有7.1%的人讲印第安语。在墨西哥的居民中，有89%的人信奉天主教，6%的人信奉基督教新教。墨西哥的国鸟是雄鹰，当地人将"雄鹰"视为祖国的象征，为此，墨西哥的国徽图案为一只伫立在仙人掌上嘴里叼着蛇的雄鹰，它的国旗中间有一雄鹰，它的硬币上也是雄鹰的标志。由于国徽的图案是雄鹰伫立在仙人掌上，所以也有人把墨西哥称之为"沙漠中的仙人掌"。

我们上文提到过，墨西哥是一个典型的资源型国家。墨西哥的矿业资源丰富，主要有石油、天然气、金、银、铜、铅、锌、砷、铋、汞、镉、锑、磷灰石、天青石、石墨、硫磺、萤石、重晶石、氟石等。地下天然气、金、银、铜、铅、锌等15种矿产品的蕴藏量均位居世界前列。其中白银的产量多年来一直位居世界之首，因此墨西哥有"白银王国"之称。墨西哥的铋、镉、汞产量占世界第二位，重晶石、锑产量居世界第三位，碘、水银居第四位。已探明的石油储量为205亿桶位。天然气储量为700亿立方米，是拉丁美洲第一大石油生产国和出口国，居世界第十三位，在墨国民经济中占有举足轻重的地位。森林覆盖面积为4500万公顷，约占墨西哥领土总面积的四分之一。水力资源约1亿千瓦。海产主要有对虾、金枪鱼、沙丁鱼、鲍鱼等，其中对虾和鲍鱼是传统的出口产品。

墨西哥曾一度是美洲大陆印第安人古老文明中心之一，闻名世界的玛雅文化、托尔特克文化和阿兹特克文化均为墨西哥古印第安人创造。公元前兴建于墨西哥城北的太阳金字塔和月亮金字塔就是这一灿烂古文化的代表，而且，太阳金字塔和月亮金字塔所在的特奥蒂瓦坎古城还被联合国教科文组织宣布为人类共同遗产。在不同的历史时期内，墨西哥分别有着"玉米的故乡""仙人掌的国度""白银王国"和"浮在油海上的国家"等一系列美誉。

也正是因为墨西哥这些得天独厚的地域优势和温和宜人的自然环境，以及它丰厚的物质资源，导致墨西哥一直噩梦连连，不断遭受外来侵略，致使墨西哥的暴乱和战争不断，造成动荡的局面。

1519年，西班牙殖民者入侵墨西哥，1521年墨沦为西班牙的殖民地。1522年在墨西哥城建立新西班牙总督区。1810年9月16日，米格尔·伊达尔戈——科斯蒂利亚神父在多洛雷斯城发动起义，开始了独立战争。1821年8月24日宣布独立。第二年5月，伊图尔比德建立"墨西哥帝国"。1823年12月2日宣布成立墨西哥共和国。1824年10月正式成立联邦共和国。

1846年，美国曾发动过一次侵略墨西哥的战争。1848年2月墨西哥、美国签订和约，美国迫使墨西哥将北部230万平方公里的领土割让出来。1858年华雷斯担任总统。1864年5月28日，奥地利大公马克西米利安在法皇拿破仑三世的扶植下，成立了墨西哥帝国。1865年秋，总统胡亚雷斯将政府迁至墨美边境的埃尔帕索继续领导抗战，这次抗战主要是领导群众对侵略者展开游击战争，使侵略军陷于人民的包围中。当时法国在这次的侵略战争中，付出了6500人以及3亿法郎的代价。1867年初，处于内外交困的拿破仑三世被迫撤军，胡亚雷斯在这一年的2月进驻圣路易斯波多西。之后，法、英、西班牙等侵略者被赶出墨西哥。

1876年，迪亚斯得了墨西哥的政权。资产阶级民主革命在1910年爆发，同年11月20日发动了武装起义，迪亚斯独裁政权于1911年被推翻。1914年、1916年美曾派军再次入侵墨，两个国家表面维持和平却一度断交。墨西哥于1917年颁布资产阶级民主宪法，宣布墨西哥合众国为自己的国名。

墨西哥著名学者、墨西哥城大学教授冈萨雷斯曾经结合种种因素，总结出了当时墨西哥动荡不安的原因。

早在墨西哥沦为殖民地时期，就已经埋下了动荡不安的种子。当时的阿兹台克王朝为了拉拢殖民者来对付原住的印第安人，可谓费尽周折。满足殖民者的要求不说，还向殖民者赠送了大批的女人，这些女人为西班牙殖民者生儿育女，就形成了混血儿。令人意想不到的是，西班牙人自认为血统高贵，把那些女人当成是玩乐的工具，对待这些混血儿，自然就不会承认，因此，几百年来，这些混血儿始终是墨西哥人中处在底层社会的人。加之印第安土著文化、白人文化交错在一起，导致了墨西哥民族分化严重、教育和经济发展水平不一致的严重后果，同时也为墨西哥的动荡和暴乱植下了深重祸根。

其次就是外患始终无法驱除。人们常说："树大招风"。墨西哥丰富的自然资源和宜人的地理环境是侵略者们不断惦记的目标。在1967年赶走西班牙、英国、法国等殖民者之后，墨西哥又迎来了让他们更加难对付的敌人——美国。

历史上记载，墨西哥和美国曾经有过不下三次的直接战争。虽然如此，但墨西哥从未放弃过，他们一直在为争取独立而战斗。1846年，美国煽动墨西哥内乱，随即借机派兵入侵墨西哥，发动了美国独立之后的第一次对外侵略战争，这也是美国与墨西哥间的第一次战争。当时墨西哥刚刚独立不久，各方面的发展还没有站稳脚跟，无奈之下，只好把加利福尼亚州割让给美国，这场战争才得以平息。1914年，美国趁着欧洲陷入第一次世界大战、国际社会无暇顾及的机会，再次向墨西哥发起战争。这次墨西哥人没有像上次一样割地让权，而是奋起反抗将美国人赶出墨西哥，并宣布与美国断绝友好关系。1916年，美国第三次侵略墨西哥，最终未能得逞，还是以两国断交告终。虽然美国对墨西哥侵略不断，但墨西哥人从未放弃过抵抗，这不禁让我们对这个国家肃然起敬。与那么强大的美国相邻，却能始终保持独立，他们的坚韧和独立让人为之折服。或许，对于美国来说，墨西哥就像带刺的玫瑰，瑰丽却棘手；就像沙漠中的仙人掌，肥厚多汁却不能轻易垂涎。

而对于今天的埃卢来说，墨西哥与美国间三次战争所产生一个最大的影响，就是为之后进军美国培养了大量的先遣部队，也就是那些在美国生活的墨西哥移民。在美国生活的墨西哥学者称，几乎10个美国人中就有一个是墨西哥血统。对于南部的美国人来说，西班牙语是没有争议的第一外语，但从墨西哥人的角度来看，英语本就是他们的官方语言之一，所以他们熟悉英语的程度就像熟悉母语一样。这种语言和血缘上的相近，自然而然地在墨西哥人和美国人之间产生了千丝万缕的联系。

或许，正是因为这千丝万缕的联系，因为这地域与血缘上的相近，为20世纪90年代美国与墨西哥关系的诸多改变打下了伏笔，并为埃卢将墨西哥的长途电话公司业务攻进美国市场、创造了墨西哥加入北美自由贸易区的良好时机，也为实现卡尔索王国的快速发展，做了一个很好的铺垫，打下了一个非常坚实的基础。

2. 天才商人的墨西哥繁荣复兴之路

墨西哥国立大学弗洛伦卡教授曾经这样评价过埃卢，他说："虽然埃卢是一位商业天才，但他也不得不把自己的成功归功于自己的祖国。"的确如此，如果没有墨西哥社会环境的变化，埃卢就算是三头六臂，恐怕也无法成就自己的商业帝国。就像埃卢功成名就之后朋友们和他的一段对话："埃卢，现在所有人都知道是你缔造了今天的墨西哥！""我的朋友，你错了，是墨西哥缔造了我！"

　　第二次世界大战的爆发为墨西哥的经济发展起到了一个推波助澜的作用，战争过后，当欧洲国家开始复苏时，墨西哥也逐渐开始走上了经济、农业等各方面的复兴之路。

　　20世纪60年代初至70年代中后期，是墨西哥国民经济发展最快速的时期，近20年间，墨西哥的经济有了强有力的全面发展，创造了拉丁美洲国家的又一个"经济奇迹"。20世纪60年代，全世界进入冷战时期，这种状况主要是由西方国家60年代末期兴起的学生运动推动造成的，学生运动造成了各国家重新审视本国发展战略，将自己的精力从国际对峙转移到了各国的内部事务处理中。在墨西哥，1968年爆发的学生运动酿成了军警和游行的学生冲突，并导致多名学生身亡的"特拉特洛尔科惨案"，同时也拉开了墨西哥民众和政府对抗的大帷幕。1970年埃切维利亚在社会矛盾日益深化的危机中临危上任，成为墨西哥新的总统。埃切维利亚政府放弃"先增长后分配"的理念，以改变私人资本为主的政策，提出"分享发展"战略，这样就加强了国家控制国民经济的强度，积极发展公共事业。大力强调经济增长和社会公正的协调发展，保持经济增长、努力实现比较公平的收入分配。到了1980年时，墨西哥的国内生产总值已达1670亿美元，整体经济规模居于世界第十一位，在拉丁美洲居于第二位。墨西哥经过近二十年的发展，从一个以农业与矿业生产为主的国家，逐步转型为重工业发达、经济实力雄厚的强国。

按照常理来说，墨西哥经济的大力发展和飞速提升是利国利民的好事，但不幸的是，这种强劲的发展让埃卢的商业事业陷入了矛盾之中。从好的方面来说，墨西哥经济的快速发展，从农业向工业的转型为商业活动提供了很多发展机会；换个角度来讲，也就是从不好的方面来说，随着墨西哥政府"分享发展"战略的介入，使私人资本的重要性变得越来越低，因此在商业市场活动的空间就变得有局限性，加之此时的埃卢在外人眼里只是一个初入商界、初出茅庐的小伙子，他的位置就变得有些无足轻重。所以，在这段时间里，埃卢并没有多大的商业成就。除了他曾经投资过的一家酒瓶制造厂，他的个人投资主要集中在期货这一块。

虽然墨西哥这段时期经济的强劲发展并没有让埃卢有太大的建树，但还是给做期货的他提供了大量的机会。

1971年，墨西哥的农业得到了前所未有的大丰收，对于粮食始终处于青黄不接状态的墨西哥来说，这是一个令人兴奋的好消息。可对于长期做粮食期货的货商来说，却是一个噩梦。我们都知道，期货市场交易的产品主要是对未来的产品预测，由于墨西哥人口众多，所以做粮食期货的货商们一直都是只赚不赔的。可1971年的粮食丰收，让他们开始对自己的预测忧心，并纷纷低价抛出手中的期货，粮食供应商们也开始低价卖掉囤积的粮食。

然而，埃卢却不这么认为，因此他就在大部分期货商人纷纷抛售手中期货时开始大肆收购那些被低价抛出的期货，甚至不惜举债来进行期货的投资。为此，他在期货市场的一位好友曾问道："埃卢，你发烧了吗？政府投入巨资发展农业，放下今年不说，恐怕以后咱们也很难靠着囤积粮食来发财了……"埃卢却平静地回答："我当然知道埃切维利亚政府拿出了大量的资金来发展农业，但是我相信墨西哥肯定不会让卖粮食的商人们无利可图、血本无归！"

果不其然，粮食价格的暴跌很快引起了当地政府的关注，为了维持农业长期富足的发展，埃切维利亚政府在短时间内注入大量资金在市场上收购粮食，这让粮食的价格又开始攀升。可想而知，这一次，购买大批粮食期货的埃卢再次成了商场中最大的赢家。

当埃卢在60岁时回忆起自己的这段经历，他说："我并没有想自己可以成为最富有的期货商人，但这段经历对我来说却是一个很好的锻炼机会，因为它可以让我学会更精准地把握这个国家的脉搏……如果你想要成为一名具有一定影响力的商人，没有比这项技术更好、更重要的技能了。"

1980年，埃卢经过日复一日，年复一年的努力，不惑之年的他终于靠期货的投资和一系列小型的工业投资实现了最原始的资本积累，这为他后来在墨西哥南征北战的日子打下了坚实的基础。

3. 雄心组建卡尔索

如果有人问起埃卢这一生他最珍爱最有成就感的是什么？相信他会毫无犹豫地回答说：娶了我最爱的妻子索玛雅·达米特，我的6个孩子，还有卡尔索。曾经有人说卡尔索几乎凝聚了埃卢一生的心血，是他商业智慧的全部结晶。

如果我们按商业奋斗来划分埃卢的话，那么1982年—1991年这十年便是埃卢事业的黄金阶段。这十年中，他完成了其商业生涯中最关键的几个战略布局，如：组建卡尔索、大批收购墨西哥资产、结交墨西哥的高层领导并成为朋友等等。其中，组建卡尔索是其黄金阶段的开端。虽然这些工作的完成花费了埃卢近十年的时间，总体投入资金超过了100亿美元，但是成功组建卡尔索集团，使他率领卡尔索集团纵横墨西哥，称雄拉丁美洲，直接进军美国，创下了自己在商业道路上的各种奇迹，成功发展起商业帝国，为埃卢后来超越比尔·盖茨成为世界首富奠定了坚实的基础。

凯尔特·米克斯是埃卢的好朋友，是土生土长的黎巴嫩人，他曾经说："埃卢有着上帝恩赐的最美好的生活，最温婉的妻子同时也是典型的贤妻良母，6个孩子个个聪明伶俐，此外，他还拥有卡尔索。"的确，像埃卢这位朋友说的那样，上天似乎总是眷顾着埃卢。但他也并不是一帆风顺，要知道，他所付出的也是常人无法想象的。

对于很多人来说，40岁这个年龄是人生的转折，当然，埃卢也是如此。1980年在期货市场上有了丰厚收获的埃卢开始考虑自己人生的下一步棋。

1979年初，伊朗爆发革命，推翻了巴列维王朝，成立了伊朗伊斯兰共和国，伊朗的霍梅尼上台，当选为最高精神领袖，为国家的领导者。霍梅尼上台后，为报复美国支持伊朗旧国王，他宣布禁运石油，同时伊朗与伊拉克重新开战，此次的战争爆发严重影响了中东的石油产量，石油供应顿时陷入低谷，国际原油价格攀升，从每桶15美元涨到35美元，最终引发了全球经济衰退。与此同时，在新任总统波蒂略指导下，墨西哥作为拉丁美洲最大的储油国开始了迅速启动"石油繁荣"的战略，使石油的产量不断高升，墨西哥一跃成了全球第四大石油输出国，这便大力推动了墨西哥的经济发展，此时，墨西哥进入最辉煌的时期。

这些经济形势的发展，给了埃卢无限的商业斗志，激活了他的商业热情，触动了他的商业神经，市场观察力敏锐的他当然不会错过这个大好时机，况且还是到了自己人生转折点的他呢！1980年，40岁的埃卢将自己名下的所有产业整合，组成一个新型的工业集团，准备好发展更广阔的市场。

1980年，埃卢于墨西哥成立了自己的工业集团——卡尔索集团。这个卡尔索集团的命名，据说与其爱妻索玛娅有关。

我们都知道，阿拉伯的妇女深受伊斯兰教法和圣训的影响，阿拉伯人的生活方式都为男主外、女主内，因此，她们在社会、政治、经济等多方面社会地位都较低。自20世纪50年代起，政府提倡与社会经济发展等多种原因，提高了阿拉伯妇女的社会地位，也增强了经济独立性，女性也拥有了一定的政治权利，但总体的生活趋势还是为女主内男主外。埃卢的妻子索玛娅便是典型的阿拉伯女性。索玛娅出身名门，父亲为高级鞋业公司的老板，经济条件甚好，但她并不娇生惯养、傲慢懒惰。美丽的索玛娅有着活泼开朗的性格，聪明伶俐且善良懂事，作为一名虔诚的天主教徒，索玛娅可以说是不食人间烟火的仙子。埃卢对索玛娅的爱便是他事业的动力，这一点我们可以看得出来。卡尔索（Grupo Carso）的Car取自卡洛斯·斯利姆·埃卢（Carlos Slim）名字的前三个字母，而s、o则是妻子索玛娅·达米特（Soumaya Domit）名字的前两个字母，以两人名字的缩写为事业集团的命名，是埃卢对妻子的一片情意。另外，在埃卢与妻子共生育的6个孩子中，3个儿子的名字都选取父亲与母亲各自的姓氏作为共同的姓氏。这在中西方的世界中都是较少见的现象。

1999年，埃卢的事业蓬勃发展，不幸的事情来临了，陪伴自己三十多年的妻子因肾病去世了。此后，埃卢一直未再婚，曾一度被墨西哥媒体戏称为"世界上最值钱的钻石王老五"。在本书第一章的第五节中也曾介绍埃卢为纪念亡妻，特别成立了以妻子名字命名的博物馆，那里陈列着他的艺术收藏品。从以妻子与他的名字命名为卡尔索集团到成立索玛娅博物馆，这些点点滴滴，都可以证明埃卢对妻子索玛娅的深情。

卡尔索集团最初只是墨西哥多家公司中普通的一家，特别是在墨西哥经济繁荣、形势大好的情况下，这样的公司并不吸引人们的眼球。但是，埃卢经过潜心的经营后，卡尔索集团逐渐绽放光彩，在同业中脱颖而出。十多年以后的今天，卡尔索集团已是拉丁美洲最大的工业集团，且成为埃卢征战全球的商业大本营。

4. 南征北战，十年席卷墨西哥

《福布斯》杂志曾经出现过这样的报道：你想知道是什么让卡洛斯·斯利姆·埃卢成为这个星球上最伟大的商人吗？也可以这样说，如果比尔·盖茨可以像埃卢那样占到自己国家国民生产总值的7%，他现在的资产应该为8700亿美元。也有人说埃卢便是墨西哥的缩影，但是却没人知道，如果这个国家没有了埃卢，会变成什么样子。

墨西哥的国家媒体墨西哥通讯社这样评论：在墨西哥，可以说每一位消费者都会付钱给他，因为埃卢的身影与他的产业无处不在。你想用餐，要去埃卢的餐馆；你想打电话，要用埃卢的电话；你想经商，要去埃卢的银行；你生了病，要去埃卢的医院；你想使用车子，要用埃卢的石油；你想购物，就去埃卢的商场；你想出远门，要用埃卢的航空公司；墨西哥人还从该集团购买保险。据估算，埃卢每小时就会赚228万美元。

埃卢的卡尔索集团成立后，长期处于盈利状态，虽然1994年12月墨西哥的经济出现了萧条景象，比索急剧贬值，但是他旗下的卡尔索集团却依然盈利。

1982年，当时墨西哥经济一度停滞不前，陷入严重的债务危机之中，美元与比索的价格比例由2月的1:22.5上升到1:150，比索在一年之内贬值500%。银行的存款开始持续美元化，加之大量资本的外移，一时之间更加加深了墨西哥的金融危机。这时的埃卢就像他的父亲朱利安·斯利姆一样，在危机中迎难而上，在接下来的几年中大肆收购价值被大大低估的公司，将父亲乱中取胜的商业秘籍发挥得淋漓尽致。具体来说，埃卢这几年收购的公司大体如下：

5000万美元成功收购采矿公司恩普列萨斯·弗里斯科；收购铜制品公纳科布工业公司；收购零售及餐饮连锁集团桑伯恩的多数股份。

到了1990年以后，埃卢开始了他人生中的第二次收购狂潮，并再次通过十年的南征北战，成功地将埃卢王朝进一步推向辉煌，建立了属于自己的商业帝国。这次收购的公司包括：1997年成功成为美国著名百货公司希尔斯墨西哥公司旗下的大股东；集团之外，埃卢还创建了因布萨金融集团，该集团经过一段时间的经济发展，成为墨西哥的第四大金融集团。这时，也是埃卢的商业帝国较为鼎盛的时期。

在开始对这一系列收购的过程中，埃卢通常会先收购，然后注入资金和人力物力对公司进行一番大的改革，最后将公司推入盈利的市场上，走上收益的轨道。在日常生活中，他很少去干预旗下某个公司的运作情况。大多数的时间里，他总是待在墨西哥城中心淹没在摩天大楼丛林中的一幢二层土褐色混凝土建筑里，除了保安之外，埃卢只带十几名属下在这里工作。埃卢的一生都非常勤俭，虽然财富与日俱增，但埃卢的生活方式却没什么变化。妻子去世后，他住在一幢比小时候住的还要小的房子里，周末度假用的房子也已经用了几十年；他租了一条游艇，通常谈生意的时候才用；他有一辆老款奔驰车，都快成了古董级别的车；他的总部那并不宽敞的大厅里，虽遍布魁梧的保安，但由于身上的制服太过紧绷，甚至藏不住身上佩带的枪。但就是这样一位勤俭的商人，却有着商业上常人无法比拟的天赋和智慧，他总是能够发现那些价值被低估的公司，收购之后再把他们改造成赚钱机器。埃卢收购了一批这样的企业，不到十年间，这些公司的市场价值已经平均翻了300倍。

对于将企业扭亏为盈的经营方式，成本控制是埃卢的王牌杀手锏。当埃卢收购一家公司时，他总是会将这家公司的管理层先解散，将公司总部豪华的办公楼售出，然后派人将新公司的总部设在离工厂很近、又不起眼的小办公室里，这样不仅节约工人工资方面的开销，又可以随时视察工厂，方便了自己的工作。一家长期为卡尔索集团负责提供人事的执行官曾回忆说："能够被埃卢派去管理新公司的，通常都是对他非常忠诚的人，而且能力超群，这些人大多数是埃卢从自己的亲戚或朋友那里招聘来的，除了能力和忠诚外，他们还得必须能够忍受老板的小气。"有了新的总部办公室、新的公司管理层，新公司的管理层任职后的第一件事通常是裁员。大批的员工被迫离开自己的岗位，离职津贴也少得寒碜，甚至有的员工没有离职津贴。埃卢的这种虽然控制了成本，但却引起员工们的不满，甚至是进行大规模的游行或罢工。

新公司裁员之后就是开始整顿公司。一些不能给公司带来利润的生产线和产品会被下令停止，随后通过注入大量资金、引用新技术、采购新的机械设备来提高公司的生产效率，以及进一步提高公司的经济收入。

1990年，卡尔索集团经过埃卢的不断整顿和扩张在墨西哥证券交易所公开上市。即使卡尔索集团成为了一家上市公司，埃卢和他直系亲属的股份仍然在60%～65%左右。也就是我们现在常说的家族式企业。

在今天，我们很多人都很排斥家族式企业，认为管理方式不够完善。可是，在埃卢的商业帝国中，或许正是这种家族式的管理，才让卡尔索集团得以高速的发展。1994年年初，卡尔索集团的市场价值已经达到了1990年上市初期的10倍。即使是1994年12月墨西哥金融危机再次爆发的时候，卡尔索集团仍然保持着高速的发展状态，一直处于盈利状态。

5. 时代商圣的"购物袋"

美国威廉玛丽学院的问题专家乔治·格雷森说："埃卢的产业是从摇篮覆盖到坟墓。墨西哥好似一个'埃卢王国'，他无处不在。"这句对埃卢的评价是毫不掺假的，如今在墨西哥，中产阶级消费者购物、就餐所去的公司都归他所有；墨西哥基础设施建设所用的钢材也是他公司生产的，贷款资金也由他提供；上网需用埃卢公司的网络接入服务；其公司的股票占到墨西哥股市的半壁江山……他庞大的产业帝国几乎面面俱到，包括电信、烟草、互联网服务、保险、银行、购物中心、餐饮、音像店、汽车配件、电子、钢铁水泥业甚至航空公司。

毫无疑问，埃卢绝对可以称得上是一位伟大的时代商圣，2000

年时，墨西哥一家媒体曾做了一个《谁偷走了墨西哥》的报道，其中对埃卢收购的公司进行了整理和总结，结果发现，在埃卢的"购物袋"中，你会发现其中大多数足以让他成为某个行业游戏规则制定者的"东西"。也就是说，在2000年的时候，拆开埃卢的"购物袋"你会看到，埃卢旗下的企业几乎覆盖了各行各业，而且都是在卡尔索集团有着重要地位的公司，如下的一些"东西"会让你对卡尔索集团自心底产生由衷的钦佩：

埃卢在最初发展的阶段，看中了烟草行业。经过周密的布局，到1994年时，埃卢的卡尔索集团的收入中，26%来自于他旗下的烟草公司。

成立于1952年的康达麦克斯是一家光纤、电缆、汽车配件以及塑料管制造公司。1992年，埃卢的卡尔索集团投入2.64亿美元收购了该公司51%的股份，随后将51%的股份增加到了96%。收购之后，埃卢像对待之前收购的那些公司一样，立即对康达麦克斯公司进行一系列的重新改造，高大宽敞、金碧辉煌的办公楼被公开出售，原有的52家电子公司被精减到25家，公司的职工被裁掉了30%。与此同时，卡尔索集团还收购了一家生产电缆的制造公司拉丁之家，这是一家专门为电信、工程及能源行业生产电缆的公司。在墨西哥电缆公司中，拉丁之家本来就持有9%的股份，加上原来康达麦克斯持有的48%的股份，卡尔索集团所持有的墨西哥电缆公司的股份就增加到了57%，成为墨西哥电缆公司远近闻名的第一大股东，实至名归的股权持有者。

经过这样一番改造之后，在1997年的第一季度，康达麦克斯为卡尔索集团带来了非常高的效益，继而以总销售额占据卡尔索集团总销售额31%的业绩成为卡尔索集团最大的经济来源和卡尔索集团行业的老大。

成立于1950年的纳科布工业公司，其经营范围主要以铜管和钢管制造为主，同时也从事汽车零配件业务。在1987年的时候被卡尔索集团收购了大部分的股份，随后，通过一系列小型的蚕食收购，很快，卡尔索集团几乎成了纳科布工业所有股份的持有者。

到了1992年，纳科布工业将墨西哥最大铝制品公司，铝业集团78%的股份都收入到自己的囊中，其中，以5000万美元超高的价格从美国铝业公司收购44%的股份。随后不久，卡尔索集团便把纳科布工业所持有的股份增加到98%，可以说是吞并了整个纳科布工业。持续发展到1995年时，纳科布工业已成为当地市场中强有力的龙头企业，它所生产的产品同时也覆盖了汽车、建筑和电力等多个行业，与此同时，还利用铝业集团生产铝片、铝箔和铝锭等铝系列产品。在5年后，即1997年，纳科布工业开始介入了PVC管的生产与制作中，此后，纳科布工业也慢慢地成为卡尔索集团最重要的收益公司之一，它的销售份额占卡尔索集团销售额的15%以上，仅次于康达麦克斯公司的收益。

恩普列萨斯·弗里斯科成立于1924年，它经营的业务范围主要为金矿、银矿、铜矿、锌矿与铅矿的开采、提炼和化学产品的生产。1982年时，成功与两家经销商合作，形成了全球最大的银矿。到了20世纪80年代，卡尔索集团收购了该公司大量的股份。1993年，恩普列萨斯·弗里斯科成功收购两位合作伙伴的股份，这一次，埃卢又一次几乎是拿到了恩普列萨斯·弗里斯科的所有股份，随后恩普列萨斯·弗里斯科正式成为卡尔索集团旗下的全资子公司。经过几年的发展，1997年，恩普列萨斯·弗里斯科为卡尔索集团创造了效益，它为集团贡献的现金流量高达6%，成为卡尔索旗下又一重要经济来源的公司。

　　墨西哥最大的轮胎制造商赫莱拉·尤兹卡迪公司曾在1981年时在墨西哥设有4家工厂，每年的轮胎产量大约为250万个。当时，赫莱拉·尤兹卡迪公司中股份最大的持有者是B.F.古德里奇，他手中有着该企业35%的股份。1991年，卡尔索集团收购了B.F.古德里奇手里的股份，成为赫莱拉·尤兹卡迪公司最大的股东，在1993年1月，卡尔索集团将原有35%的股份增加到50.6%，同年，卡尔索集团以4000万美元的价格收购了德国大陆AG汽车公司下属的墨西哥通用轮胎赫莱拉·尤兹卡迪公司。不久之后，卡尔索集团把通用轮胎和赫莱拉·尤兹卡迪公司合并到兰德拉工业公司的旗下。现今，该公司在墨西哥轮胎市场约占30%的份额。通过观察1997年第一季度的统计资料我们可以看出，兰德拉工业公司的销售额大约占卡尔索集团总销售额的8%，在卡尔索集团占据着重要的地位。

1990年卡尔索集团通过自己的合作伙伴公司收购了博莎兰尼的大部分股份，像收购其他公司一样，卡尔索集团在1995年的时候增加了在博莎兰尼的股份持有数，将手中的股份逐渐增加到博莎兰尼公司的83%，通过一系列的改革和技术革新，将博莎兰尼整合成为卡尔索的又一家全资子公司。同样，根据1997年第一季度调查出来的数据显示，博莎兰尼的销售额占卡尔索集团销售总额的4%。此外，1994年，卡尔索集团还成立了建材公司，并在短时间内将其整合为卡尔索集团旗下的全资子公司。

1903年，两个美国合伙人在墨西哥开了一家药店，他们的名字分别是沃尔特和弗兰克·桑伯恩，将药店的名字命名为桑伯恩。随着墨西哥城内的经济发展，药店的规模也随之扩大。在药店经过6年的洗礼之后，也就是1909年，两个人决定对药店进行重新装修，并将药店改名为桑伯恩公司，后来，这家公司成了出售各种商品的连锁商店。1989年的时候，桑伯恩公司在墨西哥的分店数量从几家增加到30家。随着分店的增加，卡尔索集团在桑伯恩持有的股份也逐渐增加到67%，经过卡尔索集团的整合管理，桑伯恩生意越来越红火，业务范围也越来越广。在这种飞速增长的市场经济推动下，卡尔索集团已经在整个墨西哥管理范围内开了89家分店和39家咖啡馆。除此之外，该公司还拥有12家批发市场和10家影音制品商店。从1998年开始，桑伯恩开始进军美国，打入美国市场，在美国陆续增加开设的分店。根据卡尔索集团1997年第一季度的数据显示，桑伯恩的销售总额在卡尔索集团销售总额中占据12%的比例。

墨西哥西尔斯·罗巴克百货公司成立于1945年，是西尔斯·罗巴克的全资子公司。两年后，在墨西哥有了自己的第一家百货商店。在分公司开设后相当长的一段时间里，墨西哥西尔斯·罗巴克百货公司都属于墨西哥百货行业的领军企业，曾经为百货零售行业的革命化改变做出了很多的贡献。随着激烈的墨西哥市场零售业的商场斗争，该公司开始在墨西哥市场经济中陷入了困境，公司状况变得很糟糕，虽然，在20世纪80年代后期该公司出现了短暂的恢复，但90年代中期，公司的经济情况再次举步维艰。1997年，卡尔索集团将墨西哥西尔斯·罗巴克百货公司公司的股份直接从美国的总部收购60%，经过卡尔索集团一系列的改革转机终于出现了，同时迅速走上盈利的轨道。据估计，墨西哥西尔斯·罗巴克百货公司在同年的销售总额已占卡尔索集团销售总额的6%。

1990年12月，卡尔索集团联合了两家外国电信巨头的合作伙伴以17.6亿美元收购了墨西哥电话公司20%的股份。其中，卡尔索集团投资8.6亿美元，成功摘得墨西哥电话公司的经营权，埃卢也很自然地成为墨西哥电话公司的董事会主席。这时，卡尔索集团收购、整合改造、增加效益的连锁反应很快体现到了墨西哥电话公司上，在卡尔索集团旗下国家子公司康达麦克斯和纳科布工业的援助下，墨西哥电话公司很快走上了盈利的道路。其中，纳科布工业负责生产电话通信过程中必需的铜材和铜合金制品，而康达麦克斯曾负责电话升级系统所需要的光线电缆。

1996年，卡尔索集团还是国际无限集团的一位重要投资人，后来，该集团从IBM和西尔斯·罗巴克以近2.5亿美元的价格收购了普罗德在线服务。除了卡尔索集团这个重要投资人之外，国际无限集团还有另外一位投资者，就是总部位于马萨诸塞州的国际无线服务公司剑桥的董事会主席格雷戈·卡尔。剑桥公司曾先后对墨西哥、非洲和亚洲的移动电话业务投入了大量资金，埃卢之所以同格雷戈·卡尔成为合作伙伴，也正是因为格雷戈·卡尔手中移动电话的业务。两人合作后，决定把普罗德的业务拓展到美国之外，同时开展其他语种的服务，并寻求利用该公司的通信网络来开拓其互联网的接入服务。对于这点，埃卢曾经说过："在电信业，我们不能避开互联网，尤其在墨西哥向其他更大的竞争对手开放的时候。"

卡尔索集团旗下除了这些重磅企业之外，还有成立于1982年的水泥制造商蒙特苏马公司的三分之一股份，蒙特苏马公司的另外两个大股东分别是西班牙和意大利的投资者，他在手中持有剩余三分之二的股份，1994年，蒙特苏马公司为卡尔索集团带来5000万美元的收入；1994年成立于美国的东方之星控股公司，是卡尔索集团旗下一个全资子公司，经营的范围主要是在美国境内从事证券交易活动，东方之星控股公司每年带给卡尔索集团的收益也令人吃惊。

合上这位时代商圣埃卢的"购物袋"，不禁让我们感慨万千。

在这段时间内，可以说是埃卢产业飞速发展、飞黄腾达的时期，一路上他顺风顺水，通过收购、整合等一系列的方式使收入囊中的各家公司大放异彩，哪怕是在墨西哥经济下滑的情况下，也没能阻止他的个人资产迅速攀升。比如说1994年的亚洲金融危机，其危害程度范围较大，波及到拉丁美洲，导致比索严重贬值，但由于卡尔索集团本身债务就不多，加之集团一直在做出口贸易，公司不仅安然度过危机，甚至到了1995年的时候，还赢利了2.95亿美元，这大概是金融危机史上史无前例的情况。

一系列的商业收购让埃卢在各行各业都以胜利告终，这让埃卢在墨西哥的工业、零售和电信三方面，牢固地奠定了行业龙头大哥的地位。

6. 与高层官员友好相处的神秘商圣

墨西哥的一位大学政治教师德拉索说："墨西哥有一个密集而复杂的关系网，政府和商业阶层有很深的个人关系。这导致政府不去保护公众利益，不愿以消费者的名义对产业进行监管，而是更愿意帮助他们的朋友和同盟。有些时候，他们的商业伙伴的发展是建立在牺牲墨西哥人民利益的基础之上的。"由此可见，在墨西哥，商业和政治总是不分家的。然而，在墨西哥商场上所向披靡的埃卢，跟当时墨西哥的政界人士却没有任何亲密的个人关系。另外，埃卢的父亲以及祖辈，也从未跟墨西哥的政坛打过交道，对于墨西哥人来说，埃卢恐怕是最不应该成为首富的人了。

墨西哥的一家杂志社曾报道："虽然埃卢在商界处处出手、商战以胜利告捷，但在整个20世纪80年代，埃卢和他的卡尔索集团一直很少出现在公众面前，其表现也相当神秘和低调。在那段时间里，埃卢每天都过着三点一线式的生活，每天除了忙于工作，就是待在那个墨西哥城富人区的深宅大院，也就是埃卢自己的家。

自从20世纪30年代以来，虽然多数的拉丁美洲国家动荡不安、内部政权频繁更替，但墨西哥却在一党制的实行下始终保持着稳定的状态。墨西哥自治大学萨尔斯教授曾经说："近代的墨西哥之所以在面临三次危机的情况下仍能保持七十多年的稳定，这其中的根本原因就在于墨西哥长期推行的一党制和文人政权政策。

1982年，德拉马德里总统上任以后，开始推行了墨西哥自由政策，大力提倡经济活动自由化，石油危机的爆发又迫使墨西哥政府大肆出售手中的资产。就是这段时期，让埃卢开始感觉到与政府高官接触可以发展壮大自己的事业。

到了20世纪80年代后期，随着埃卢的事业在墨西哥城声名鹊起，他获得了不少和墨西哥政府高官以及社会高层权贵接触的机会，并建立了良好了关系。

其实，埃卢真正和政府高官建立起友好关系还是在1988年—1994年的时候，那时候埃卢·萨莱纳斯·德·戈塔利担任墨西哥的总统。早在1987年墨西哥举行总统大选的时候，埃卢就开始热心于政治活动，并频繁出入各种政治场合。在这段时间里，他发现总统候选人之一埃卢·萨莱纳斯·德·戈塔利的政治思想在很多地方与自己的政治思想不谋而合。当时的墨西哥，正极度希望能够加快融入国际社会，而埃卢也希望自己能在新总统的主持政权下，为自己的事业谋取更宽广的发展平台，而这一点，与埃卢·萨莱纳斯·德·戈塔利的野心也正好相吻合。1987年的一次商业晚宴之后，埃卢写给了埃卢·萨莱纳斯·德·戈塔利一封信，在这封信中，埃卢表现出了为墨西哥经济发展做出重大贡献的决心，信中有一段是这样写的：

　　"尊敬的埃卢·萨莱纳斯·德·戈塔利先生，我想，用不了多长时间，我就会称您为总统先生了，此次跟您的交谈让我感到非常愉快。我极力赞成您在墨西哥前途与发展上的许多观点，我想我们都需要一个更开放、自由的墨西哥，这无论是对于墨西哥人们，还是对我们在国际上的朋友，一个自由对外开放的国家总是极具诱惑力的……我非常愿意能够为您做点什么！"

　　就是这样的一封信，将埃卢带到了墨西哥的政界高层之中。随后，埃卢通过不同的方式为埃卢·萨莱纳斯·德·戈塔利竞选的小组先后捐赠了2000多万美元，一跃成为埃卢·萨莱纳斯·德·戈塔利竞选小组的关键人物，等到埃卢·萨莱纳斯·德·戈塔利当选为总统，埃卢和埃卢·萨莱纳斯·德·戈塔利早已成了互利互助的朋友。关于他们的交往过程中，还有一个让人啼笑皆非的小故事。

1990年，埃卢·萨莱纳斯·德·戈塔利政府正要将墨西哥电话公司的股份出售，而就在出售之前，他曾经与埃卢谈起过这件事。并且问埃卢："你对墨西哥的电话公司有什么看法？"埃卢回答："我非常想买它。"他又说："哦，埃卢，我的朋友，你要知道，想买它的人可不止你一个……"埃卢幽默地回答了他："亲爱的总统先生，我可以向您保证，如果您把它放到了市场上，那就等于您把它放进了我的'购物袋'里！"

不出所料，1991年，卡尔索集团联合SBC和法国电信从政府手中收购了超过60%的墨西哥电信股票，之后，埃卢再次以卡尔索集团的名义向埃卢·萨莱纳斯·德·戈塔利的顾问公司捐赠了2500万美元。不过，在1994年埃卢·萨莱纳斯·德·戈塔利因被质疑贪污而受审的时候，人们出乎意料地发现，这笔2500万美元的巨款存入了埃卢·萨莱纳斯·德·戈塔利的个人账户。

1994年的一天，墨西哥电话公司交易案结束不久后，埃卢·萨莱纳斯·德·戈塔利刚刚走出总统府，就直接被带上了法庭，法官称，对埃卢·萨莱纳斯·德·戈塔利的个人贪污受贿问题表示质疑。经过3个月的审判，埃卢·萨莱纳斯·德·戈塔利被墨西哥最高法院判了贪污罪和滥用职权罪，以流放到大洋彼岸的爱尔兰作为其犯罪的惩罚，并永远不得回到墨西哥。

这时的埃卢·萨莱纳斯·德·戈塔利对于埃卢来说，其地位真是微乎其微。在埃卢将墨西哥电话公司收入自己的"购物袋"之后，随着埃卢各方面势力的逐渐膨胀，他与继任总统的关系也似乎透着千丝万缕的联系……

2006年，埃卢以政府的名义聘请曾经在纽约任市长的朱利安尼担任墨西哥城的治理顾问，曾有人向他提出质疑：你是否有资格代表政府做这样的决策？埃卢非常干脆地回答："墨西哥是人民的墨西哥，但从这个角度来讲，所有人都有资格参与进来！"

由此可见，在墨西哥这样的拉美国家，和政府官员建立友好的关系似乎是各个企业家的一门必修课。聪明睿智的埃卢非常擅长此道，他以敏锐的商业嗅觉精准地把握着政治的微妙发展。在墨西哥政府将国有企业大规模私有化的浪潮来临后，这种政治的投机的确帮助埃卢获得了实实在在的收益。

7. 心忧天下的慈善家

在传统观念里，慈善和施舍通常都紧紧地联系在一起。一说到慈善家，人们首先想到的是他到底捐了多少钱，同时这些钱又在他的总资产中占有多大的比例等等。这种观念等于是给神圣严肃的慈善事业套上了低俗物化的项圈。人们总以为受捐助者肯定是慈善事业的最大受益者，却不知现在的所谓慈善家各个都有着自己的盘算。美国是慈善家最多的国家，主要的原因被归结为两个方面：一方面是因为美国富豪特别多，另一方面是宗教信仰的博爱传统。其实最重要的一条被忽略了，那就是美国的个人所得税率相当高，就连遗产的继承也被纳入到征税的范围之内，但为了鼓励私人能够涉足到社会公益事业中去，美国规定了慈善事业资金免征税款。这才导致了富豪们趋之若鹜地纷纷建立属于自己的慈善基金，并且打着慈善的幌子，这分明就是在逃税。

但埃卢却并不是这样，在2006年卡尔索集团的年度大会上，埃卢曾称：在未来的几年中，我将毫不犹豫地在消除拉丁美洲地区的贫困和促进拉丁美社会的发展中扮演重要的角色！尽管他认为贫困问题没有办法靠捐助来解决，但他还是非常热衷于继续他的慈善事业。与比尔·盖茨和巴菲特等人直接将财富与众人分享的做法不同，埃卢认为，增加投资以提供更多的就业岗位给那些没有事情可做的人，才是一个商人应该做的善事。他说："我们的理念并不是单纯地捐赠，不是像圣诞老人那样定期出现，而是要真正地解决问题。贫穷不是靠捐赠解决的。"埃卢是在做慈善事业，用他自己的方式来解读"慈善"二字。

他这样做的原因，要从1997年埃卢曾在死亡边缘的一次心脏手术说起。以当时他的身价与资产，在手术后完全可退居二线安度晚年，但他对工作的热忱无法阻挡，仍然坚持工作。他说："就像艺术家毕生不停地创作一样，对我而言，工作已不单单只是社会责任，已经变成了自身的一种情感需要。"他是把工作当成了自身本能的需要，把慈善事业视作自己的一种社会责任。

事实上，埃卢自己的生活非常节俭。四十多年来，他一直住在墨西哥城市普通民宅里，从未换过地方；他穿的西服也不是什么名牌；曾有身边的知情人士透露，上世纪90年代，他的财富快速增长，但是埃卢手腕上戴着的却是一块塑料手表。这么多年以来，埃卢始终坚持亲自管理公司，在卡尔索集团的办公室，他所在的是一座位于二层建筑的地下室，没有窗户，看不见阳光。埃卢的节俭相当有名，这种作风甚至在整个公司都在推广，每年他都会给员工发一份自己制定的公司规章制度，其中就有一条规定：富裕不忘节俭。

在2000年，埃卢把公司日常工作交给了自己的儿子与女婿们负责，他则把更多的时间与精力投入到慈善事业。埃卢曾为墨西哥贫困儿童捐赠自行车9.5万辆、眼镜7万副，并为15万大学生提供了奖学金，甚至一些工会也站到了他那一边。埃卢宣称，未来4年中他将捐赠100亿美元用来发展墨西哥的卫生、教育事业。同时他还大量投入资金，建立了3家慈善机构，资助墨西哥贫困人口并且让他们受到教育，享受医疗保障以及日常娱乐的生活。埃卢的基金会还为那些无力支付手术费用的墨西哥人支付了手术的费用超过20万次，并成立了肾脏移植中心。墨西哥总统选举前也就是在2006年7月2日，埃卢曾公开表示，他会给墨西哥创造更多的就业和教育平等的机会，增强其的综合国力，尽量减少贫富差距。

2007年3月份，埃卢筹建了一家关注医疗保健研究的慈善基金，共出资4.5亿美元，同年8月份，又提出计划本年度内向墨西哥儿童捐献笔记本电脑近百万台，总值约在3亿美元。这些电脑将放置在墨西哥的图书馆以及学校中，让孩子们自由地借出使用笔记本电脑。

还有一段时间，埃卢出资改造墨西哥城，请原纽约州州长朱利安尼为墨西哥城的改造设计了一套方案。首先，他先从屡次解决居高不下的城市犯罪入手，提出了一个让人惊叹的方案，就是在犯罪率相对较高的地区，比如地铁、车站、商场、娱乐场等场所，循环播放莫扎特的音乐，以此制造出一种安静祥和的气氛，这种气氛可以使那些心情烦躁的人平静下来，减少冲动。其次，朱利安尼又进一步提出了许多的改革措施，其间产生的花费都是埃卢直接付账。虽然，此次改革最终因为涉及大量贫民窟的动迁问题遭到民众的反对而搁浅，但埃卢为世界富豪们怎样参与慈善或社会福利事业做出了一个表率性的尝试。

然后，对于他的慈善之举，有人认为埃卢是为了美化自己的形象，他们称："埃卢可能是在散财，但他同样会竭尽所能保护垄断。"同时，也有媒体称埃卢最近走的穷人路线，是希望利用拉近拉丁美洲富人与穷人间的距离而赢得被看好的左翼领导人的信任，以此来进一步扩张自己的商业范围和权力。更有批评者认为，这些慈善之举正是埃卢的高明与虚伪之处，并认为他的这些行为纯属作秀。毕竟，因为垄断，埃卢可以自主地制定高于其他任何发达国家的固话收费标准，还通过美洲移动来"夺取"墨西哥72%的移动电话客户，排斥外来竞争者。

墨西哥人对于慈善事业的认识是，与其向社会捐款，倒不如降低日常生活用品和各行业的服务价格更实惠一些，埃卢通过垄断获得的利润比捐出来的钱多得多。

目前，埃卢除了有艺术品鉴赏的爱好外，墨西哥左派人士邀请了他，并且同意资助成立了一个委员会，墨西哥城中心历史遗迹复兴计划的监督，他的身影也活跃于墨西哥人生活中的大多数领域：从商业联系到政治，从政治联系到教育慈善团体，最后复原历史建筑等。有舆论称，埃卢正在弃商从政。但他却说，自己从来没有政治野心，和政府之间也不存在什么秘密。

2000年9月，经埃卢倡议，墨西哥各党派、商界领袖和一些非政府劳工，于查普德庇克小镇共同签署了《查普德庇克协议》，这是旨在通过公私部门的合作，拉动城市经济发展的计划，并借此来推动墨西哥的经济增长与对贫苦民众的投资。

在美国，大多数的富豪一直都在做慈善事业，当然美国人对此也习以为常。但在墨西哥却不同，投身慈善事业的富豪一般比较少见，在墨西哥人的印象中，不管做什么，都要对自己的利益考虑。对于其他人的不满与质疑，埃卢也只是向以往说的那样："我想要最大限度地发挥自己的潜能，希望可以最大限度地让这个世界上有限的资源发挥最大的作用。作为商人，我能通过价格等一些市场的手段来达到这一目的，且发现，生意做得越大，我就越有能力来实现我的这个目标。"埃卢凭借着垄断行业发家，这点让墨西哥人很不满，但其乐善好施的慈善精神又不得不让我们感动。

8. 优秀的企业领军人

在2006年《福布斯》富豪排行榜中，墨西哥电信巨头卡洛斯·斯利姆·埃卢一跃上升到第三位，这让埃卢引起了全世界关注。66岁的埃卢，体格强壮，一脸颇有锋芒的胡须，看上去更像拉美某国的政治领袖。作为拉美首富的埃卢，其个人财富超过300亿美元，他有着与其他商人不一样的思考方式和领导企业的风范。在自己的企业内部，他总是尽可能地精简管理层，以便能与有限的主管人员保持直接并且紧密的联系。但他尽量减少辞退以前的员工的数目，继续留用他们会使这些老员工们对这位新老板倍加感激，在老公司丢了饭碗的他们，会在新主人的手下做得更加卖力，以此来表示对老板的感激，并博得老板的青睐。

我们上一节曾说过，埃卢在1997年手术后说过一句话："就像艺术家一生都在不停地创作一样，对我而言，工作已不仅仅是社会责任，而是自身的一种情感需要。"他这种把工作当成情感需要的精神让我们为之感动，但埃卢却经常说："和我的员工们比起来，我并不比他们懂得多，对于该企业来说，他们才是真正的经营专家。"这让我们看到了埃卢作为一个优秀商业领军人的大师风范。虽然他把工作当成个人的感情需要，但他从不否认别人的功劳，总是很低调地对待自己，高调地夸赞别人。

我们知道，埃卢商业的不断壮大，都因那些被他低价收购进来的企业所带来的巨大贡献。人们常会错误地认为老式企业最终要淘汰，但是埃卢认为这些企业还在发挥重要的作用，并可以让它们重新焕发活力，让它成为自己财富的主要经济来源，这让人们对他独到的眼光以及经营方式刮目相看，也为他的独特的管理之道大为称赞。

和所有发展中国家一样，墨西哥重要行业的大型企业都在政府的扶持下发展起来，因此，这些企业都保持着垄断经营的模式，为了保持垄断地位，政府不得不出面管制相关行业。但随着世界经济一体化的加强，一些跨国公司与世界区域贸易组织加大了这种形式压力。加上在90年代初期，拉丁美洲盛行新自由主义经济思想，在短短几年间便造就了人们所说的拉美奇迹。在此形式的推动下，1988年墨西哥政府对电信行业的管制适当地开放了。一时间美国、法国、德国的通信公司都来墨西哥发展业务。

由于长期处于垄断地位，墨西哥电信公司对客户的服务态度相当恶劣，且费用特别昂贵。墨西哥电信行业开放管制后，一些外国公司乘机拉拢客户，使其遭受到强烈冲击，它的市场占有率急剧下滑。因为电信公司的机构很庞大，反应不灵敏，因此应对冲击的措施不能快速生效，墨西哥电信公司曾一度接近倒闭，最后政府只能将其推出，准备作为国有资产处置的试点项目。

就在这关键的时期，埃卢看准时机，联合美国的西南贝尔公司以及法国电信，用20亿美元的价格在墨西哥萨利纳斯政府手里收购了墨西哥电信20%的股份，埃卢用17亿美元拿到了控股权。对于埃卢当时的出价人们都觉得偏高了，但是他一直认为这是个非常好的生意，他知道这家企业的潜力很大。与此同时，他还得到了墨西哥政府的承诺，7年内维持其在电信行业的垄断地位。但墨西哥电信公司与其他外资电信服务商相比较，问题很多，如，费用昂贵、服务效率低下、通话质量差、服务品种单一等。当埃卢接管公司之后，借鉴于另两家合资企业的技术管理优势，对其进行了一系列非常有效的改革和创新。

首先，埃卢做的一件事是进一步提高电信费用，但是，提高费用的同时他采取了分期付款和"提前支付"的做法。这样，把安装电话的一次性花费以分期付款的形式分摊到更长的一个周期，最后客户累计交给电信公司的款项要比以前多，但每次交付的却比以前少很多，就像我们中国是贷款买房、买车一样。简单地说就是可以让用户赊账，以挽回信用危机，重新获得用户的青睐。这样，一来减轻了用户的短期费用负担，另外也增加了公司的长期收入。毕竟电信服务的利润大头在收取电话费而不是电话机安装费，所以根据新公司的新规定，用户只要缴纳很少的一部分费用，就可以在自己家里安装一部电话。在当时的墨西哥，电话还是一种奢侈品，多数人们都承担不起安装电话的费用。这让人们非常乐意接受新规定，也使得电信公司的业务迅速增加，随后，又要求客户在电话费中补交以前的安装费用。

其次，埃卢接手电话公司后就开始改善基础设施，提高了通话质量，加强了员工的各方面培训，让员工们对客户有一个好的服务态度，并不断拓宽新的业务，增加服务项目。经过各方面的改革之后，装一次电话的时间从以前的40天缩减到了4天，大大提高了员工的效率，同时也获得了客户们的好评。

通过这一系列的收购和改革实践，可以肯定地说："在所有的世界富豪当中，埃卢无疑是一个最具开发潜力和领导魄力的人，他是墨西哥乃至拉丁美洲商界的一个传奇。"埃卢对商业的理解注入了强烈的个人色彩，我想，不管是已经小有成就的企业家还是正在向自己的财富梦想努力的年轻人，埃卢的一言一行对我们都会有启发。我们通过了解埃卢进而对商业本身和人生的意义都会有一个全新而又深刻的认识。埃卢刷新了十年来全球个人财富增长最快的纪录。据推算，在2006年里，埃卢平均每小时的收入高达228万美元。据统计，墨西哥股市在过去的一年中总市值增加了将近一倍，而埃卢旗下企业的总市值占到墨西哥股市总值的近一半。

第三章 从墨西哥到拉丁美洲

1. 对外开放的墨西哥

20世纪80年代初期，随着欧洲经济一体化的进程逐渐加快，日本对美国、加拿大市场也采取了咄咄逼人的进攻策略，美、加两国的经济地位和竞争优势相对减弱，这使双方都意识到进一步加强双边经济贸易关系的必要性。

1980年，里根竞选美国总统时提出包括美国、加拿大、墨西哥与加勒比海诸国在内的"北美共同市场"的设想；1983年，加拿大也提出了有关建立美加自由贸易区的设想。1985年，美国与加拿大两国开始进行双边自由贸易协定签署的谈判。1988年6月2日，美国、加拿大正式签署自由贸易协定，1989年1月1日，协定生效，而北美自由贸易协议是诞生在1989年美加自由贸易协定基础上的。其宗旨是取消贸易障碍，创造良好的公平竞争条件，增加投资机会，对知识产权提供保护，建立执行协定与解决争端的有效程序，和促进三边的、地区的与多边的合作。同时，3个会员国家彼此要遵守协定规定的原则与规则，如国民待遇、最惠国待遇、和程序上的透明化等来实现消除贸易障碍。

美国、加拿大及墨西哥于1992年8月12日签署了关于三国间全面贸易的协议。异于与欧盟性质，北美自由贸易协议非凌驾于国家政府与国家法律上的一项协议。1994年1月1日，协议生效。此次签订的协议，被认为墨西哥开始真正地对外敞开大门。事实表明，早在德拉马德里总统当政时期，也就是1982年—1988年期间，于北美自由贸易协议签署之前，墨西哥外国投资自由化就已经开始了。

1982年，石油的供应因中东政局的逐渐稳定而恢复正常，墨西哥在中东战争时期的石油价格被迫下调，这促使了墨西哥的经济深陷泥潭，外资企业纷纷撤离墨西哥。在此情况的驱使下，墨西哥决定于1986年7月加入关贸总协定，用它来减少墨西哥的贸易阻隔，这让墨西哥向自由化、开放化又迈进了一大步。

根据后来国际研究学者们的看法和意见，1986年墨西哥加入关贸总协定首先是为了进入贸易阻碍较少的、自由开放的国际市场；其次是明确贸易规则为墨西哥的企业家和投资者们在国际贸易中带来安全；最后，通过加入关贸总协定，可以充分利用世贸组织来解决贸易争端的机制。

自墨西哥加入关贸总协定以来，给本国带来的益处是不用怀疑的。这次举动给墨西哥的经济开发创造了相当有利的条件，还促使墨西哥的对外贸易得到快速的发展与增长。同时，墨西哥对外大门的打开，再次形成了外资企业大规模进入墨西哥的局面，为其国民经济快速发展起到了推动作用。

在很短的时间内，墨西哥在国际市场上的地位变得越来越重要，迅速膨胀为国际贸易大国，其吸收外资的额度也是不断攀升。有关数据显示北美自由贸易区成立后对美国、加拿大、墨西哥经济贸易的影响如下，根据美国对外贸易资料统计显示：北美自由贸易区自1994年成立后，一度成为全球最大的自由贸易区，到了2000年，美国与墨西哥两国进口贸易总额每年均呈现出显著的增长状态，唯有美国输往加拿大的增长，在4年前虽然呈大幅增加趋势，但自1998年开始，呈递减的趋势，美国、墨西哥之间因北美自由贸易区使得墨西哥出口至美国受惠最大。

在墨西哥经济对外开放且节节攀升的同时，迎来了更大的挑战。外资企业不断进入市场，墨西哥国企的发展受到了压制。在此情况下，其政府被迫做出了调整。一方面，政府调整结构，制定了改革措施，鼓励国企和外资合作；另一方面，将对墨西哥国民经济较重要的部门采取鼓励国企发展的政策，并积极对其进行扶持。在这种对国企发展形势大有利的情况下，埃卢抓住了人生中的第二次发展机遇。

2. 双面夹击吞并墨西哥电话公司

墨西哥在国际市场上地位的不断攀升和墨西哥政府对本国企

业的扶持政策，给了埃卢人生中第二次相当重要的一个机会。埃卢在2007年接受采访的时候曾经说过："财富就像果园，对待果园，你必须让它生长，然后通过再投资让它更繁茂，或使它拥有其他不同品种。"的确，埃卢利用"财富果园"的经营理念成功收购并改革了多家企业最后归到自己的旗下，而这一次，埃卢的机会是电信行业。

在埃卢的眼里，只有那些能够让每个人都无法拒绝的生意才是最有赚头的，这类生意被他称为"民生基本行业"。埃卢这样认为，比国王的事业还要伟大的事业，就是一家公司能够在民生基本行业立足，如果一家公司能够在民生基本行业立足，那么这家公司基本上就可以躲避任何风险与危难；比国王的事业还要伟大的事业，就是一家公司能够在民生基本行业中占有一定的垄断地位，如果一家公司能够在民生基本行业占据着一定的垄断地位，那么这家公司毫无疑问的是一支潜力股，有着远大前。

在日益飞速发展的社会中，虽然工业社会为人类提供了非常多的选择，但是却不是人们离不开的、赖以生存的。埃卢认为，只有粮食、水、电力、石油、交通、通信等数量不多的行业才是民生基本行业，是人们生活的必需品。在墨西哥，这样的民生基本行业大多数都被墨西哥政府所控制，所以，看起来选择性很多的民生基本行业其实在实际上是没什么选择的，而电信行业，无疑就是今后社会发展中最具诱惑力的一个行业。按照埃卢的一贯作风，想要进入这个行业，首先要收购这个行业中的"明星企业"，也就是那些实力雄厚却经营管理不善、同时实际价值被低估的企业，然后对其进行一系列改革，最后达到盈利的目的。对于埃卢来说，这是最便捷、最有效的方法，而这次被埃卢看好的"明星企业"就是墨西哥电话公司Telmex。

1990年，在世界银行推行市场经济和国际货币基金组织的影响下，墨西哥政府开启了一波大规模的私有化浪潮。仅在1989年—1992年短短3年时间内，墨西哥政府就出售了218家国有企业给那些有实力、熟稔经营之道的私人企业，这其中包括银行、电话公司、制糖厂和钢铁厂等等，在此次墨西哥政府出售的国有企业名单中，就有墨西哥电话公司的名字。

墨西哥电话公司成立于1947年，它的目标是收购欧洲电信巨头爱立信的全资子公司。并在3年后获得了成功，此后，爱立信被迫退出墨西哥的市场。

1972年，埃切利维亚总统主张在市场上收购墨西哥电话公司的大部分股份，从此，该公司逐渐被墨西哥联邦政府收回到国企中。

1988年，新总统埃卢·萨莱纳斯·德·戈塔利上台，随着新总统的上台，墨西哥的经济政策也有所改变，埃卢·萨莱纳斯·德·戈塔利政府解除了对典型行业的禁令，这让墨西哥电话公司一下子冒出了许多竞争对手，公司的业务量急速下滑，陷入资金周转困难的危机。

随着中东战争停止、石油价格恢复原价，1990年12月，一向以拉丁美洲第一大石油国家著称的墨西哥也遭受到严峻的考验。无奈之下，墨西哥政府才决定把手中持有墨西哥电话公司的股份卖还给墨西哥电话公司，随后，就交出了对墨西哥电话公司的控股权。

此时的埃卢，在国内做了十余年的生意，其经营范围从最初的股票投资发展到建立卡尔索集团。据了解，卡尔索集团在零售、烟草、地产等很多领域都占有让人惊叹的市场份额，并逐渐成为墨西哥境内数量不多的龙头企业之一。这一次，埃卢看准时机，跟总统埃卢·萨莱纳斯·德·戈塔利商量后，他组织了一个当时被称为"神秘巨头"的巨大财团，从而直接从股票市场转向墨西哥电话公司。"神秘巨头"除了卡尔索集团之外，还有欧洲第二大电信运营商法国电信、美国第二大电信公司西南贝尔等两大巨头加入，组成了当时世界上最强大的收购铁三角。一时间，人们纷纷猜测，这样强力的财团，即使是在全世界，都是骇人听闻的。可见，那时的埃卢已经逐渐迈向了拉美首富的地位。

2000年12月，卡尔索集团成了墨西哥电话公司最多股份持有者，因之前从美国西南贝尔公司手中与法国电信手中收购了很多的股份。用他自己的话来说，就是：墨西哥的电话公司历经百转千回又回到了墨西哥人手中。

到了2005年6月30日，卡尔索集团的卡尔索环球电信在墨西哥电话公司中持有的股份高达42.6%，相比较之下，当初跟卡尔索集团一起展开的西南贝尔公司就逊色了许多，西南贝尔公司的股份占有率只占总额的7.8%，剩余的股份分别在一些小投资者和公众的手中。这样一来，卡尔索环球电信就成了墨西哥电话公司的第一大股东，而埃卢，也名正言顺地成了墨西哥电话公司的主人。毫无疑问，埃卢已成为墨西哥经济毋庸置疑的"垄断者"。

如今在埃卢的管理下，墨西哥电信公司不只在运营效率上有了大幅提升，随着市场占有率的提高，其资费标准也在上扬，至今，控制了国内90%以上的市场份额。此时，埃卢又有了新的称誉，那就是"墨西哥电信巨子"。他创办的墨西哥电话公司，成了该国最大的企业之一，有4000万美洲移动用户受他的控制，是整个拉丁美洲最主要的移动电话公司，有人玩笑地说，整个拉丁美洲均需要通过他进行交谈。

3. 从顽石变成璞玉

在埃卢收购墨西哥电话公司的那段时间里，流言四起。有人认为，埃卢是在趁火打劫，联合外资企业来低买国家的资产；也有人认为，埃卢收购墨西哥电话公司的价格远远超过墨西哥公司的实际价格；就连专家都称，埃卢为墨西哥电话公司付出的资金大大超过了墨西哥电话公司的实际价值。不可否认的是，当时的墨西哥电话公司的确已经走到了穷途末路。

相信熟悉墨西哥市场的人都知道，在1988年之前，墨西哥的电信公司仍然处于被管制状态，因此并没有形成有作用的市场竞争。在这种情况下，导致墨西哥电话公司一直都处于狂妄自大、目中无人的状态。当1988年墨西哥电信业被政府下令开放之后，各方面巨大的市场冲击和压力随之而来，致使墨西哥电话公司的营业额直线下滑，而墨西哥庞大的组织规模反而成了墨西哥电话公司的发展障碍，一时之间，员工的工作进入朝不保夕的状态，公司每年也都要承受巨额的经济亏损。

分析其巨额亏损的原因，无非是费用昂贵、服务效率低下、服务品种单一和通话质量差等问题。虽然墨西哥电话公司不被别人所看好，但在埃卢眼里，墨西哥电话公司就相当于以前那些被自己收购的"明星企业"，只要经过一番改革和革新，一定会有"第二春"。从市场经济角度来说，虽然目前的墨西哥电话公司危机重重，但仍然改变不了它是当时墨西哥境内最大的通话服务的现实，无论是它的通信基础设施还是拥有客户的数量，在墨西哥都有着无可取代的位置。埃卢相信，真正的交易高手是要看一件商品背后所显示出来的价值，而不是看它表面的破损。

在成功接手墨西哥电话公司之后，埃卢再次施展了他的商业管理智慧，在电信业大展拳脚，并在墨西哥电话公司内部进行了一番革新。

举例来说，在此之前，一个家庭装一部电话大约需要四十天，埃卢改革后，大约只需要四天时间。

在这次改革中，不仅装机时间大大缩短，通话质量也得到了大大的提高。据一项数据显示，在墨西哥电话公司没改革前的1990年，墨西哥有超过30%的地区无法接通电话，即使是在电话接通的地区，也经常出现没有讯号或断线等现象，对于通话噪音，用户更是习以为常了。这些毛病都只是本地通话，至于长途和国际电话，效果更是不堪。用墨西哥人当时的话来说："打长途电话要做好断线的准备，打国际电话？朋友，看运气吧！"但改革之后，墨西哥境内的电话通话质量无可挑剔，其范围也覆盖了整个墨西哥，甚至，墨西哥电话公司都把业务延伸到了美国境内。根据墨西哥电话公司1997年公布的年度报告显示，考虑到墨西哥每年都会有人移民美国，因此墨西哥电话公司决定把服务网络伸进美国，为这些移民提供方便到家的直接服务。

另外，除了本质上的改造外，墨西哥电话公司的服务项目也有了改善。从单一的通话服务，发展到各形式的组合套餐、手机互联网页等多项服务，将电信的增值服务不断地渗透到墨西哥人生活当中，如今，该公司已经成为墨西哥人生活不可或缺的一部分。

除对墨西哥电话公司的改造外，埃卢还将旗下的企业进行了商业调整。

2000年9月，墨西哥电话公司把它旗下的墨西哥无线业务和其他相关服务拆分给同样属于卡尔索集团旗下的每周电话公司。

2003年11月，经佛罗里达西南地区美国破产法庭宣布，同意美国电信巨头——美国电信电话公司将ATTL出售给墨西哥电话公司。ATTL的业务覆盖到阿根廷、智利、巴西、哥伦比亚和密鲁等国，这次成功的收购，为墨西哥电话公司成功进军拉丁美洲打下坚实的基础。在得到ATTL的业务之后，墨西哥电话公司仅用了不到一年的时间就开始向其覆盖国家的用户提供语音、数据以及互联网服务。

2004年7月，墨西哥电话公司收购了MCI在巴西的电信运营资产。

埃卢通过十余年的努力，到了2000年时，墨西哥电话公司终于成了墨西哥最大电信服务商，它不但是全国最大的固话服务公司，更是全国最领先的长话公司。截至2004年底，在整个墨西哥地区该公司拥有超过1720万条本地与长话电话线。除前面我们所提到过的新业务，也增加了信息网络管理、电话设备销售、传呼服务、公司网络、目录服务等多项新项目。

此后，埃卢的墨西哥电话公司和美国电信巨头实现了分割美洲市场的目标，完成了他在拉丁美洲的电信布局，终于成为拉丁美洲的电信巨头。

2006年《福布斯》"全球首富排行榜中"曾报道："通过一系列收购与布局，埃卢牢牢地把整个拉丁美洲放进了自己的'购物袋'中。从此以后，所有的拉丁美洲人只要一拿起电话，就开始往埃卢的账户里付钱。"

犹太人有句谚语是这样说的：几乎所有伟大的商人都具有一种共同的特性——他们能够从别人看不到的地方发现机会，那些在别人看来是麻烦的东西，到了他们的手里总能转化为宝石。的确如此，曾经的墨西哥电话公司，就像是一个烫手的山芋，人们恐避之而不及，但埃卢却迎难而上，将墨西哥电话公司"起死回生"，并创造自己新的商业奇迹。

4. 创造自己的电信帝国

约翰·洛克菲勒说过："你知道商人的境界吗？三流的商人被称为商贩，他们只能靠出卖劳力赚钱；二流的商人靠资本赚钱；只有伟大的商人才懂得用想象力赚钱。"虽然埃卢改造墨西哥电话公司用了将近十余年的时间，有时甚至将卡尔索全年的收入都投资到墨西哥电话公司的改造当中，但是幸运的是，墨西哥电话公司并没有让埃卢失望，给予了他高利润的回报。

此后，墨西哥电话公司的收益一直都非常稳定，在2001年，墨西哥电话公司被美国《福布斯》杂志评为全球最佳电信公司。

但是，在埃卢经营过墨西哥电话公司并实现他的电信市场美洲布局时，就接二连三地出现了与美洲电信巨头们的一系列交锋。这些交锋不仅可以表现出埃卢天才商人的战略布局能力，而且对整个美洲的电信市场也产生了决定性的影响，基本上形成了当今美洲电信市场的格局。

对于别人来说，竞争对手加入市场可能会是一种困扰，但是对于墨西哥电话公司来说，对手的加入并没有给本公司带来多大的影响。虽然，早在1995年墨西哥就逐步地实行对外开放政策，以西班牙、沃达丰和威瑞森等为首的国际电信巨头约数十家之多，纷纷进入了墨西哥移动电话及长途电话通信市场。时至今日，墨西哥电信市场被埃卢垄断的局面并未完全被改变，墨西哥电话公司依然占据了国内固话市场高达98%以上的市场份额，它旗下的Telcel公司在移动电话的市场范围内，其市场占有率也超过了75%的份额，这些喜人的数据为墨西哥电话公司的发展提供了强有力的保障，为以后的发展打下坚实的基础。

从经营方式上来讲，墨西哥电话公司在市场上的表现就非常值得赞誉。面对日益激烈的市场竞争，它没有按照电信运营商固有的模式来发展，而是根据墨西哥的综合民情、国情采取了其他方式的销售。最重要的举措就是"提前支付"的营销方式，这种方式为墨西哥的中低收入客户减轻了电信费用的负担，大大地增加了墨西哥电话公司的客户量。目前，墨西哥市场上有90%的手机用户都选择了这项服务。所谓的"提前支付"，实际上就是一种预付费的业务，客户只要购买手机储值卡，就可以用相对较低的价格来进行通话。这一举动，使墨西哥电话公司一跃成为墨西哥电话通信的龙头。在手机用户实施"提前支付"的经营模式取得较好的收益后，这一举措还被推广到固定电话业务当中去，也取得了非常好的效果。

此外，墨西哥电话公司对互联网市场也非常看重。为了刺激中低收入层的上网热情和消费，墨西哥电话公司从2000年起开始推出"个人计算机加上网"的销售服务。这项服务不仅以非常实惠的价格向个人用户销售计算机，同时还为用户提供长期的贷款，其购买计算机的费用可以分几年从电话账单中按月扣除，也就是我们所说的"分期付款"。这样一来，墨西哥电话公司一下直接进入了互联网领域的尖端，并且，墨西哥市场牢牢地占据住了互联网领域的领导地位。

2000年，墨西哥电话公司的互联网用户已经超过了100万，成为墨西哥市场上最大的互联网服务提供商。对于发展互联网领域，埃卢曾说："在电信业，我们不能避开互联网，尤其在墨西哥向其他更大的竞争对手开放的时候。"

我想，真的像约翰·洛克菲勒说的那样，真正的商人是用想象力赚钱的。埃卢打破固有的经营方式把自己设想的经营方式大胆地使用到墨西哥电话公司当中，使墨西哥电话起死回生，并带动互联网领域的发展。这让我们看到了一个聪明、睿智的企业领军人。

如果，他不能创造自己的商业帝国，那在这个世界上，还有谁可以呢？

5. 墨西哥电话公司的转折点

在埃卢收购墨西哥电话公司之后，他曾向墨西哥当时在任的总统反映过："墨西哥的确需要一家能够得到政府大力扶持的电信公司，而政府的最佳选择毫无疑义就是墨西哥电话公司。"就这样，在政府的支持下，加上高明的经营方式和政府的默许，墨西哥电话公司十余年里在市场上一直占据着龙头老大的垄断地位。

墨西哥最典型的特点就是盛产某行业企业龙头。相关数据统计，2006年《福布斯》富豪上榜名单中，有9位墨西哥的企业家，他们都在墨西哥某行业的市场占有垄断的地位，当然，其中也不会少了埃卢。

墨西哥政府于1995年制定了新的电信法规，设计了有竞争力的市场框架，经建立多层牌照管理体系，全面开放电信市场。不过，墨西哥政府还是将外资企业在墨西哥电信行业的直接投资比例限定于49%以下。此时，墨西哥法律又明文规定："对于某个特定国家的国际接入和接出服务，墨西哥规定所有国际服务运营商都应当保持一致的费率。"

墨西哥政府的这条法律法规，毫无疑问地等于已经把整个墨西哥境内电信服务的定价权交给了墨西哥电话公司，而墨西哥电话公司靠这个权力牢牢地把墨西哥电信市场控制于手掌之中。事实上，墨西哥电话公司在发展过程中，与外资的电信巨头也不断地发生摩擦，其中最有名的两次就是和前世通公司子公司安特和美国电话电报公司的子公司艾利斯特之间的两次争执。

在1997年—2000年的大部分时间里，墨西哥电话公司的两个主要竞争对手安特和艾利斯特也同样经营着长途电话的业务。于是，从1997年墨西哥开放长途电话市场开始，3家电信巨头之间便围绕着债务和费用等问题争执不断，而且，这种状况一直持续了4年。

自1997年进入电信市场以来，来自美国的电话电报公司和世通公司一直抱怨，说墨西哥的市场环境根本缺乏竞争，他们提议中的不满甚至导致美国政府像世贸组织提出派一个工作小组专门用来调停众多公司与墨西哥方面的矛盾。

1999年，在对美国和国际电信服务商之间的电信贸易协议进行年度回顾的时候，美国贸易代表办公室索拉纳就明确表示过："尽管墨西哥电话公司在墨西哥的反竞争行为数不胜数，但墨西哥政府依然没能严格执行其阻止反竞争行为的国内法规，这让人真的很失望。"为了督促墨西哥政府限制墨西哥电话公司的做法，美国方面已经尽了最大的努力，甚至都到了哀求墨西哥政府的程度了，可还是毫无效果。"充分竞争的电信市场是一切经济体增长、投资和创新的催化剂。电信运营企业给全世界的市场提供了先进技术和效率。""美国电信运营企业从其贸易伙伴履行市场开放中受益显得比任何时候都重要。"

对于墨西哥电话公司的违规做法，虽然国际都注意到了，但在这4年里，墨西哥政府可以说是没有采取任何行动来援助安特与艾利斯特两家公司。最后，3家公司的争执与矛盾甚至闹上了法庭。

2000年，3家公司的矛盾升级为美国与墨西哥两国间的贸易纠纷。对此美国贸易代表办公室声称要"不遗余力地解决与墨西哥的网络费率争端。"2000年2月，美国政府向世界贸易组织提出成立专家小组，调查墨西哥将国外电话服务商排斥在120亿美元市场之外的做法。

在提出成立专家小组调查墨西哥与美国电话公司的纠纷事件后，世界贸易组织随即成立专家组进驻墨西哥调查核实这一事件。在2000年4月2日发布的报告中，专家组宣称：

"墨西哥未能确保美国电信提供商能够在一个合理和非歧视性的基础上接入和使用公共电信网络及服务，并没有确保美国提供商能够在墨西哥境内或越境使用私人出租线路……这些做法都严重违反了国际电信的合作原则，并给相关的合作方带来了严重的损失。"

因各方面的强大压力，墨西哥政府无奈做出让步，明确表示"很愿意通过世界贸易组织的专家小组来消除美国的关注"。美国也称，随时准备解决和墨西哥的冲突。

就这样，在美国政府和国际社会的压力下，埃卢被迫做出了让步，宣布将本地竞争对手与墨西哥电话公司网络的接入成本由3.36美分/分钟下降到不足1美分，同时，也在一定程度上大大降低了跨境接入电话的成本。

2000年的时候，跨境接入墨西哥电话公司网络电话的成本是19美分/分钟，远远高于美国公司向加拿大5美分/分钟的标准。2月份，墨西哥电话公司和美国世通公司达成了协议，对接入这家公司网络的电话每分钟支付5.5美分，而世通公司支付的接入墨西哥电话公司网络电话的互联费率因墨西哥的端点的位置而异，每分钟5.5～11.75美分。

2000年12月，墨西哥证券交易所大厅里的电子公报板上，打出了这样一句话："3家公司的协议必将营造出一种健康的竞争氛围，不仅使广大用户成为受益者，它更是整个行业值得庆祝的大事。"

就这样，3家公司经过了4年的争夺之后，埃卢稍稍松了一点口，让美国的电信巨头们能够从墨西哥的电信市场中分到一小部分的收益。

就在各个外资的电信巨头为自己能够分到一杯羹而沾沾自喜准备杀入墨西哥电信市场的时候，却发现他们各自虎视眈眈很久的墨西哥远远没有那么让认欢喜，因为他们面对的墨西哥，早成了一座空城，他们努力争夺来的那杯羹，也不过是空城的一杯冷羹而已。而埃卢，早已经做好准备调转自己的进攻方向向海外市场发起攻击了。

2001年．墨西哥国内3家电信巨头的战争结束了，随之，埃卢就打响了进军海外的斗争。而墨西哥电话公司的发言人召开记者招待会明确宣称："虽然我们对墨西哥的投资依然很大，但我们显然放弃了在一个更广阔区域内谋求发展的机会，所以墨西哥电话公司未来的计划是在整个拉丁美洲谋求新的业务，把墨西哥电话公司发展成为一家真正的全球企业。"

对于这一举动，埃卢曾说那是他进军拉丁美洲的宣言，从其他电信在墨西哥电话市场分到一杯羹开始，埃卢的重点就开始转向了拉丁美洲的其他国家。从3家电信巨头4年的纠纷和争执迟迟得不到解决来看，埃卢在墨西哥的商业权势可谓只手遮天，也可以用那句话来说："只要盘点一下美国总统大选的账本，你可以发现，所有在墨西哥经济上有影响力的人，他们在政治上也有着同样的影响力！"

6. 迅猛出手，独揽美洲电信

埃卢最初进军国外电信市场时，人们说，那是墨西哥国内已经再没有什么能够投资的空间了。但他却自己喜欢把海外投资看作是一种防守策略。除了可以牢固地掌控墨西哥国内的电信市场外，还可以将自己墨西哥电话公司的范围扩大到拉丁美洲的其他国家，并相继在委内瑞拉、阿根廷、巴西、智利、哥伦比亚和秘鲁等国家开展业务运营。

对于这些国家的电信市场，埃卢出手极为迅猛，他通常会采用最快的方式来达到自己的目的。一般情况下，在埃卢向这些国家进军的时候，墨西哥电话公司都不会直接在当地铺设网络，而是像之前的收购狂潮那样采取收购股权的政策。事实证明，与在当地铺设网络比起来，收购股权是达到自己目的最方便、最快捷、最有效的方法。

如在巴西，2004年3月，墨西哥电话公司宣称收购巴西电信运营商巴西电信公司，同年底巴西电信公司33.6%的股权与具有投票股份的90.25%被收购了，从而实现了对巴西电信公司的有效掌控。

在阿根廷，当地运营商电信技术公司及其附属公司被墨西哥电话公司收购了。

在智利，智利运营商智利东部公司被墨西哥电话公司收购了，以进入当地的电信市场。

除了巴西外，墨西哥电话公司也加大了对其他拉丁美洲国家投资的力度。2005年8月底，该公司用4000万美元的高价将哥伦比亚最大的有线电视运营商收购了，并利用它的网络增加服务项目，推出三网合一的服务。可以说在同一时间内，阿根廷一家移动电话通讯运营商的全部股份被墨西哥电话公司迅速收购了，进一步强化了该公司在移动通信领域的市场主导地位。

由于各方面原因，墨西哥每年都会有大批的居民移居美国，但美国电信运营商所提供的的服务根本不适应这些墨西哥移民。看到这个商机，墨西哥电话公司抓住机会，于2001年在美国成立了分公司，直接为墨西哥移民提供预付费的电信业务。

墨西哥电话公司为了在竞争激烈的美国市场增强自己的吸引力，建立了直接面对用户的销售部门和遍及全美国的用户服务部门，并且组建了相关的技术团队，发展了包括语音、数据、互联网和专业服务的整合解决方案，意在为用户提供"一站购齐式"的便利服务，以有效制止客户流动量大、易流失的现象。这一措施的实施，不仅大大地增加客户数量，还提升了利润。

同时，在业务的拓展上，墨西哥电话公司美国分公司还特别注重提供差异化服务，除了在本地区提供多样化的预付费国际业务之外，还通过不同的销售方式提供种类丰富的通信服务，与在墨西哥国内的相同点是，美国的分公司仍然把预付费业务作为发展战略的重点业务来进行。

此后，经过埃卢三四年左右的悉心经营，墨西哥电话公司在美国市场逐渐站稳脚跟。值得赞誉的是，墨西哥电话公司在迅猛出击的过程中的表现可谓所向披靡、战无不胜。

比如说，2003年，美国电报电话拉丁美洲公司由于资金运转出现问题，不得不撤离南美的市场，当时的媒体也曾感叹："这已经不是第一家因为资金问题而撤退的美国巨头了。"就在这时，墨西哥电话公司以2.07亿美元从美国电报电话拉丁美洲公司成功收购了其在阿根廷、巴西、智利、哥伦比亚和秘鲁的业务。

除拉丁美洲外，墨西哥电话公司和西班牙电信巨头西班牙电信公司的斗争也曾是轰动大街小巷的大事。在2002年—2004年期间，西班牙电信公司在南美并购了多家企业，声势逼人。2004年，西班牙电信公司购买美国新安贝尔南方电信公司在南美的企业，并斥巨资58.5亿美元买下了它，在墨西哥边境整装待发，准备进军墨西哥的市场。

在这个关键时刻，埃卢不守反攻，指挥墨西哥电话公司猛攻巴西，直接打向西班牙电信公司在南美的桥头堡，并最终以成功收购巴西电信公司取得了关键性的胜利。此时的墨西哥电话公司早就在埃卢的带领下有了一个新的美名，那就是八面威风的"南美之王"。连威瑞森总裁伊万·赛登伯格都说："简直是太不可思议了，埃卢简直把整个拉丁美洲当成了自己家的厨房，他收购电信公司就像从自己的餐桌上取点心一样。"的确如此，埃卢迅猛地四面出击，独揽了整个拉丁美洲的电信业，足以当得起那个"南美之王"的称号。

第四章 跨国公司在拉丁美洲的灰暗岁月

1. 菲利普莫里斯的噩梦

　　墨西哥是一个崇尚口叼香烟的牛仔式英雄的国度，抽烟已经成为了男人的象征。1907年，墨西哥烟草公司成立，在1919年墨西哥烟草公司和其合作伙伴爱尔博通公司联合生产的香烟产品，曾经一度垄断了墨西哥烟草市场的半壁江山。1960，年墨西哥烟草公司和爱尔博通公司合并。随着经济发展，很多人不看好烟草市场，导致墨西哥烟草公司的营业额直线下滑，市场占有率也一度下跌。

　　到了20世纪70年代，菲利普·莫里斯公司入驻墨西哥烟草公司，持有墨西哥烟草公司27%的股份，政府部门持有36%的股份。并且收购了墨西哥第四和第五大烟草公司，此时墨西哥烟草公司成为了墨西哥第二大烟草公司，仅次于当时的领先烟草公司。到了1976年的时候，墨西哥烟草公司已经成为墨西哥最大的一家烟草公司，墨西哥烟草公司的香烟产量占墨西哥香烟总产量的34%，销售占全墨西哥市场的25%。

　　菲利普·莫里斯公司成立于1902年，是美国乃至全世界最强的烟草制造商，其旗下的万宝路、健牌等香烟品牌更是早已经闻名世界。时至今日，菲利普·莫里斯的影响力早已经渗透到世界的各个角落，就连大名鼎鼎的法拉利也不惜冒着失去参赛资格的危险来给菲利普·莫里斯做代言。

而当时的埃卢，对烟草行业早已跃跃欲试，可由于还未达到时机成熟的地步，资金不足，埃卢不敢贸然进驻烟草市场，更别说与菲利普·莫里斯较量。但他骨子里的个性，他的执着和敏锐的商业头脑都告诉他烟草行业是有巨大潜力的，他不愿放弃。商人看到商机就像饿狼看到绵羊，就这样放手他实在是不甘心。除此之外，墨西哥人都知道，埃卢虽然生活节俭，但他也有一个全墨西哥人都知道的称号——雪茄绅士。埃卢喜欢雪茄是出了名的，虽然他生活简单，但在雪茄上从不吝啬，他的办公室你甚至都可以看成是雪茄的博物馆。事实上，他的妻子索玛娅曾经怀疑他，埃卢当初收购墨西哥烟草公司的目的就是为了能够随时品尝到最好的雪茄。

一个人如果认定了一件事情，锁住一个目标，就会有一万种方法来帮你达成，只要你有坚定的决心上帝都会为你让路。对于埃卢来说，一个人如果想要进入一个行业，最好的办法就是收购一家相关的公司，而最愚蠢的办法就是去开设一家相关的公司，但是，要知道，这两种做法完全不是一个级别上的。埃卢是一个典型的坚韧、执着、主动出击、善于把握机会的人。于是他想出了一个避重就轻的好办法，这样一来要达成自己的目标就不是难事了，而且机会很快就降临到他头上。

就在菲利普·莫里斯收购墨西哥烟草公司27%股份的当天，埃卢也开始了他进驻烟草行业的第一步。当天埃卢收购了一家名为墨西哥加拉斯公司的60%股份。这则小新闻跟菲利普·莫里斯收购墨西哥烟草公司同一天上报，所以人们关注的都是菲利普·莫里斯收购烟草公司27%股份的事情，甚至埃卢的下属对埃卢收购墨西哥加拉斯公司的事情都视而不见，谁也没有料到这么一家小公司，竟成为埃卢成为烟草大亨的最重要的一步。当然，当时谁也不知道埃卢葫芦里卖的什么药。可如果他们看到了当天的报纸的话，相信他们会对埃卢的决定多少有一些了解，那天墨西哥大大小小的报纸都不约而同地报道了一条讯息："世界烟草巨头菲利普·莫里斯收购了墨西哥烟草公司27%的股份。"

这也正是埃卢的高明之处，沉着冷静、处事不惊。早在收购墨西哥加拉斯公司之前，埃卢已经充分做了研究，现在自己的实力不如菲利普·莫里斯，硬碰硬肯定是行不通的。既然不能硬碰硬，那么就用迂回战术，避免和敌人正面交锋，避开敌人强劲的正面，寻找时机攻击敌人后方较为薄弱的一面。他固然知道墨西哥加拉斯公司只是一个烟盒制造商，并不是真正意义上的烟草行业，但是它跟烟草行业却有着千丝万缕的紧密的关系。虽然只是烟草行业的附属企业，但是烟草行业还真离不开它。

当时埃卢想，既然不能直接进入烟草行业的核心产业，那么就先进入这个产业的周边产业，然后再慢慢养精蓄锐，等待时机，一步步地扩展延伸，埃卢按照自己的想法去做，因为他知道进入烟草核心产业需要大量的资金，这是一笔不小的数目，对当时的埃卢来说，这笔资金一时还无法承担。但是只要进入外围周边产业，还是一样有机会进入核心产业，而且外围产业的资金投入不是很大，正适合当时羽翼未丰的埃卢。

墨西哥烟草公司最繁荣的时候是1978年，当烟盒需求量急剧增加的时候，埃卢知道机会来了，这个好机会是步入核心产业的最佳时机，他立刻借机用已经收购的墨西哥加拉斯公司为筹码，成功加入墨西哥烟草公司，从而顺利地做了该公司重要股东之一。从此，他开始走向真正意义上的烟草行业。但当时他的手上所有的墨西哥烟草公司的股份并不是很多，所以选择了沉寂，脚踏实地、按兵不动地忍耐了几年。牢固地把握着手中的那点股份。

机遇是给有准备的人的，只有有准备的人才会充分地把握机会，上帝也会特别照顾那些懂得把握时机的人，而埃卢就成为了上帝的宠儿。

进入墨西哥烟草公司之后，埃卢又潜心蛰伏了约四年的时间，1982年，墨西哥遭遇经济危机，这也意味着，一个绝好的机会出现在埃卢的面前，使他在隐忍这么多年后，终于成功地向烟草行业迈进了一大步。这一年，墨西哥正好发生了债务危机，迫使政府不得不出售手中的股权以缓解所面临的危机。恰恰墨西哥烟草公司股权就在转卖范围之内，政府当时占墨西哥烟草公司36%的股权，而菲利普·莫里斯只占了27%的股权，只要能得到这36%的股权，埃卢就能真正成为墨西哥烟草公司最大的股东。

那这个时候菲利普·莫里斯在做什么呢？这个埃卢视为劲敌的人，在1982年这场危机爆发之后，菲利普·莫里斯不敢再继续购进公司的股票，决定先选择观望的态度，看看这次危机的影响。这就再次给埃卢机会，让埃卢顺利地从墨西哥政府手中廉价地购买了墨西哥烟草公司36%的股票。此时的埃卢摇身一变，成为了墨西哥烟草公司最大的股东，也正式拉开了埃卢在烟草行业一系列收购的序幕。

美保龙与金边臣是1995年墨西哥市场上最畅销的香烟品牌，也为墨西哥烟草公司的市场品牌。1994年，该公司的收入已占埃卢的卡尔索集团所有收入的26%。

埃卢于1996年向烟草行业迈出了至关重要的一步，同时做出了更惊人的一幕，也就是他直接经由墨西哥烟草公司收购了菲利普·莫里斯公司，他成为了菲利普·莫里斯烟草巨头的新主人，此后，埃卢成了墨西哥烟草大亨，在墨西哥烟草行业塑造了自己的烟草英雄形象。

其实，早在埃卢得到"拉丁美洲狙击手"的称号之前，他就已经成了多家跨国公司在拉丁美洲的噩梦。2000年的墨西哥一期杂志上曾经刊登过这样一幅漫画，一位西装笔挺的商人问自己的手下："比尔，你定个方案，看看我们能否在墨西哥开设一家分公司……"

"史密斯先生，这恐怕要征求一下埃卢的意见！"可见，埃卢在墨西哥和拉丁美洲的商业地位已经不容小觑。

2. 狙击百年老店希尔斯

1997年3月20日，刚刚进入春天的芝加哥乍暖还寒，位于芝加哥西部总高442米的希尔斯大厦像一个巨人一样挺立在寒风中，向人们展示着希尔斯110年来的辉煌。

关于百年老店希尔斯大家都十分熟悉，它曾经是美国最大的一家私人零售企业，同时也是当时世界上最大的一家私人零售企业。仅在印刷产品目录上的连锁商店就有1600多家，另外还有契约供应商800多家，拥有30多万名职工，它的子公司已经遍布欧美各大城市。

希尔斯成立于1886年，一百多年来，经历了美国社会生活的几次大变革，跟上了潮流，在稳定中生存和发展，成为美国经营最成功和赚钱的企业之一。对于美国消费者的购物和生活方式，都产生了极大的影响。不仅如此，由于希尔斯在零售技术上实现了很多理念性的突破，它在西方商业界还被称为"零售业的科学院"。

在发展上，希尔斯·罗巴克的目光并不仅限于美国，顺理成章地在墨西哥也开设了希尔斯·罗巴克的分公司，可是由于墨西哥分公司的管理人员都是从美国总部派来的，运用的都是美国式的管理和经营方法，因为管理层没有墨西哥人，所以管理层完全不熟悉墨西哥国情，更不了解墨西哥人的真正需求，因此墨西哥分公司所提供的服务与墨西哥的国情格格不入，也很自然地无法得到墨西哥人民的青睐。到了20世纪末，希尔斯·罗巴克在墨西哥的分公司已经正式步入了衰落期，仿佛一个即将报废的汽车一样，车身的各个部件已经无法正常地协调运作。希尔斯·罗巴克这个号称"最大、最成功、最赚钱"公司的分公司，希尔斯墨西哥分公司不仅利润越来越少，而且经营越来越不景气。最后沦落到举步维艰的地步。

　　这又给了埃卢一次机会，也可以说他一直在等待着这样的机会，当时埃卢已拥有了桑伯恩百货公司。但是他同样不会放过这个好机会，就像一个狙击手拿着枪等待敌人露出破绽的那一刻直击对手一样，埃卢果断地出击了。

　　就在这一天，芝加哥希尔斯·罗巴克公司总部迎来一位尊贵的客人，虽然这位客人是第一次造访希尔斯公司，可就连大厅里的清洁工都已经通过来往的工作人员的议论中知道了这位贵客的名字，他叫做卡洛斯·斯利姆·埃卢。

　　此次埃卢带有很强烈的目的性来谈判，而不是参观希尔斯·罗巴克公司总部。而谈判的焦点是希尔斯·罗巴克公司墨西哥分公司的前途问题。经半小时激烈的讨论后，他所率领的团队向希尔斯公司的管理者们表明自己坚决的立场，尽管这些从来没有在希尔斯的历史出现过，但如果想挽回希尔斯墨西哥分公司的命运，就只有一个办法，跟卡尔索集团合作。

希尔斯的首席执行官阿瑟·马丁尼对埃卢的想法感到很不可思议，"我实在想象不出来，难道阁下是在告诉我希尔斯不懂得零售吗？如果连希尔斯都不懂得该如何经营一家零售公司，那么阁下觉得你会有更好的办法吗？"

埃卢尽量用一种谦恭的语气回答道："先生，我想可能是我没有说清楚，这的确是一笔不错的生意，而且我想希尔斯没有太多的选择了。"

埃卢回答得不卑不亢、也透漏出对墨西哥希尔斯分公司的势在必得，语言内蕴藏这一股无穷的力量。他接着说道："在这个世界上没有人会怀疑希尔斯在零售行业的地位，可是事实证明，希尔斯在墨西哥并没有取得成功，原因很简单，希尔斯在墨西哥孤军奋战，成本太高，而且美国总部派去的管理人员并不太了解墨西哥人到底需要什么。"

"而且事实上，您应该清楚我的桑伯恩完全可以取代希尔斯，当然，如果真要那样的话，我需要付出更多的代价，而且希尔斯最终也很难全身而退，更不要说有所盈利了。商人的目的就在于盈利，而不是面子，这也是我的信条。"

"我想，如果卡尔索集团一定要占希尔斯墨西哥分公司51%的股份的话，希尔斯显然无法接受，因为至今希尔斯还没有在任何一家分店入股当个小股东。"阿瑟·马丁尼回答道。

"想想看，今时不同往日如今的希尔斯墨西哥分公司已经成为希尔斯总部的累赘，为什么你们还要为了51%的股份比例而犹豫不决呢？"埃卢显然不给对方讨价还价的机会。

"十分抱歉，"阿瑟·马丁尼的口气开始变得凝重、坚定起来，"如果埃卢先生坚持的话，我们恐怕无法接受您成为大股东的事情。"

这次谈判并没有达到预想的效果，谈判陷入了僵局，希尔斯的高层们没想到埃卢的野心这么大，他的目标居然是想要一下子成为希尔斯墨西哥分公司的大股东。这在希尔斯一百多年的辉煌历史上，还不曾出现任何一例，哪怕是一个入不敷出的小小的子公司。然而，埃卢的态度十分明确，就是想要成为希尔斯墨西哥分公司的大股东，这让希尔斯公司的高层们非常震惊，很多高层感到难以接受。

但是，从其他的角度看，此时希尔斯墨西哥分公司前途令人堪忧，正急需埃卢来拯救，因为现在他的手上拥有桑伯恩百货公司，若不与埃卢合作，最终该分公司真的会像埃卢所言被桑伯恩百货公司淘汰。如果合作，该分公司还有机会在墨西哥继续发展，且前景会更好，因为希尔斯的高层们还是很认可埃卢的能力的。希尔斯需要埃卢，却又不想接受埃卢成为希尔斯墨西哥分公司的大股东。

最后在即将离开希尔斯大厦的时候，埃卢向阿瑟·马丁尼发出邀请，希望他能在5月份的时候一起去加勒比海钓鱼。

尽管谈判没有成功，但埃卢似乎没有一点沮丧的感觉，因为这时的他心中早就已经有了自己的收购计划。在返回酒店的路上，埃卢给卡尔索集团的下属下达了两道命令：第一，立刻行动，在一个月之内桑伯恩零售商店要增开30家。第二，调集资金，评估希尔斯墨西哥分公司的价值，准备在5月份的时候全面行动收购该公司60%的股份。埃卢对希尔斯墨西哥分公司势在必得，而且他预测收购希尔斯墨西哥分公司的机会即将出现，他也做好了万全的准备，等待时机。

1997年5月，希尔斯墨西哥分公司的股价降到了历史最低，埃卢立即展开行动，几天之内收购了它60%的股票，从此名正言顺地成为希尔斯墨西哥分公司的主人。

作为希尔斯墨西哥分公司的新主人，埃卢没有想象中那么轻松，他早已经做好了改造希尔斯墨西哥分公司的规划。埃卢尽一切可能地争取时间着手改造公司，首先，是人事改革，重新建立合理有效的适合墨西哥国情的用人机制，废除不合理的人事制度。精简繁琐的管理团队，让管理层和被管理者能更好地沟通协调。随后他开始充分地利用卡尔索集团的优质资源和地缘优势，积极扩展希尔斯墨西哥分公司的市场，提高市场的占有率。这一系列的整顿用了半年的时间。

然而，事实证明，埃卢的做法是有效的。他仅用了半年的时间，就令希尔斯墨西哥分公司扭亏为盈，半年后该分公司的报表上显示利润已经逐步回升，各种数据显示该分公司到了再次兴盛的时期。到了1997年第一季度时，希尔斯墨西哥分公司的市场销售额已占卡尔索集团总销售额的6%。成为卡尔索集团又一个重要的资金来源。

3. 慧眼识得千里马——史蒂夫·乔布斯

埃卢在征战硅谷的日子里，曾结识了一位比自己小15岁的"年轻人"，从某种意义上来讲，也正是这位年轻人引导埃卢走上了硅谷之路，带他领略了什么才是真正的高科技市场，这个人就是史蒂夫·乔布斯。对于史蒂夫·乔布斯这个人名，大家都不陌生，他被称为"苹果之父""硅谷狂人"。

史蒂夫·乔布斯于1955年2月24日出生于加州的山景城。刚出生，就被在旧金山餐馆打工的父亲和潇洒派酒吧管理员的母亲遗弃了。但是幸运的是，他被一对好心的夫妻收留。可能正是这种生活环境的影响，促使了史蒂夫·乔布斯性格的叛逆与独立。虽然为养子，但养父母对他却很好，如同亲生。乔布斯学生时代就聪明、顽皮，肆无忌惮，常喜欢别出心裁地搞出令人啼笑皆非的恶作剧。不过，他的学习成绩却十分出众。

当时，硅谷已经被认为是高科技的圣地，而山景城则是硅谷的心脏地区，集成电路就是在这里诞生的。这里到处都弥漫着独立思考、标新立异的气息，乔布斯就生活在这里，当时的这种气息深深地影响了年轻时代的史蒂夫·乔布斯。

乔布斯在此环境的影响下，从小就很迷恋电子学。惠普的一个工程师看他对其如此痴迷，就推荐惠普公司的"发现者俱乐部"让他去参加。这个聚会是专门为年轻工程师举办的，每星期二晚上在公司的餐厅中举行。就在某次的聚会中，乔布斯首次见到了电脑，并开始对计算机有了朦胧的认识。

1976年，初中的乔布斯在一次同学聚会上和史蒂夫·沃兹尼亚克见面，两人相见如故。史蒂夫·沃兹尼亚克是会长管理学校电子俱乐部，对电子有很大的兴趣。

乔布斯常和沃兹尼亚克一起，在自家的小车库里研究电脑。他们梦想着可以拥有一台自己的计算机，但是那时市面上卖的均为商用电脑，且体积庞大，价格又极其昂贵，于是他们想要自己开发。制造个人电脑要具备的是微处理器，可当时零售的8080芯片要270美元，且不售个人。但他们并不灰心，仍继续寻找，在1976年度旧金山威斯康星计算机产品展销会上终于买到了摩托罗拉公司出品的6502芯片，功能和英特尔公司的8080几乎是一模一样的，但价格只要20美元。

带着6502芯片，两个狂喜的年轻人回到乔布斯的车库，开始了自己伟大的创新。他们设计了一个电路板，将6502微处理器和接口及其他一些部件安装在上面，通过接口将微处理器与键盘、视频显示器连接在一起，仅仅几个星期，电脑就装好了。

乔布斯的朋友都震惊了，但他们都没意识到，这个其貌不扬的东西，会给以后的世界带来多大的影响。精明的乔布斯立即估量出这种电脑的市场价值所在。为筹集批量生产的资金，他卖掉了自己的大众牌小汽车，同时沃兹也卖掉了他珍爱的惠普65型计算器。就这样，他们有了奠基伟业的1300美元的种子资金。

乔布斯、沃兹及乔布斯的朋友龙·韦恩在1976年4月1日做了一件影响后世的事情：三人签署了一份合同，决定成立电脑公司。随后，21岁的乔布斯和26岁的史蒂夫·沃兹尼亚克在自家车房里成立了自己的苹果公司。这个名称由偏爱苹果的乔布斯一锤定音——称为苹果。后来那个著名的商标被流传开来——一只被人咬了一口的苹果。而他们的自制电脑则顺理成章地被追认为"苹果I号"电脑了。

这时乔布斯和沃兹开始意识到，电脑将会继续发展，而他们手头的资金根本不足以应付。为此他们纷纷去寻找资金的支持，但很遗憾，他们寻找的公司都没有意识到其中蕴藏的商机和市场。

1977年4月，乔布斯带着只有12磅重，仅用10个螺丝钉组装，塑胶外壳，美观大方的苹果电脑出现在美国有史以来的第一次计算机展览会上。乔布斯和他的苹果电脑在展览会上一鸣惊人，几千名用户涌向展台，订单纷纷而来。

1980年12月12日苹果公司股票正式公开上市，不到一个小时460万股被抢购一空，顷刻间苹果公司高层就产生了4名亿万富翁和40名以上的百万富翁。

然而成功得太快，背后就会出现更大的危机，由于乔布斯跟公司大多数管理者的经营理念不同，加上当时IBM也推出了个人计算机，抢占了大片的市场，使得乔布斯新开发的计算机惨遭失败，董事们便把这次失败归罪于乔布斯，1985年4月，乔布斯被撤销了经营大权。1985年9月17日，由于人事上的纠纷，乔布斯被迫辞去苹果公司的董事长职务。

这时远在墨西哥的埃卢早就开始关注乔布斯，并且对乔布斯产生了浓厚的兴趣，他觉得乔布斯是一个非常有头脑，有发展的年轻人。而计算机市场也是个发展前景很好的朝阳行业。1996年埃卢考虑准备进军美国市场，而他最先想到的就是进入计算机领域，第一个想到的人便是乔布斯。

从那时开始，埃卢开始和乔布斯合作，1996年3月份，乔布斯向埃卢透漏自己要重新返回苹果公司担任顾问。当时的苹果公司已经危机重重，连续多年亏损。埃卢意识到乔布斯的回归将意味着苹果公司的复苏，这又是一个巨大的商机。只要能把握住这次机会，他不但能在股市上大赚一笔，还能趁机在硅谷一战成名，而且还可以帮助好朋友重返苹果呐喊助威。对于乔布斯来说，这是重回苹果发展事业的机会，而对于埃卢来说，这是个一箭三雕的好计策。

1997年，埃卢斥资18亿美金收购苹果计算机3%的股份，并且四处宣称要扩大持股，最终收购整个苹果公司。

埃卢的行为无疑是为乔布斯注入了一剂强心剂，1997年9月，乔布斯授命于苹果危难之际，重回苹果公司任职首席执行官。苹果公司上下受到鼓舞，连前CEO阿梅里奥也在欢迎词里说道："欢迎我们最伟大的天才回归，我们相信，他会让世人相信苹果计算机是信息业中永远的创新者。"

乔布斯回到苹果公司的第一件事就是大刀阔斧的改革。首先他改组了董事会，然后又做出了一件惊人的大事，那就是抛弃旧怨与苹果公司多年的夙敌微软公司合作，缔结了举世瞩目的"世纪之盟"，达成战略性的全面交叉授权协议。乔布斯刚上任时，苹果公司亏损高达10亿美金，在乔布斯的大力改革下，一年后苹果公司奇迹般地赢利了3.09亿美元。1999年1月，第四财政季度赢利1.52亿美元，超出华尔街的预测的38%。苹果公司的股价立涨。苹果计算机在PC市场的占有率已经由原来的5%增加到10%。

1997年，乔布斯被评为"最成功的管理者"。很多的业界同人也都认同这个观点。甚至连当初挤走乔布斯的斯卡利也不由得赞叹："苹果的逆转不是骗局，乔布斯干得绝对出色。苹果又开始回到原来的轨道了。"乔布斯成为了一个奇迹，而他还在不断地给人惊喜。不论是乔布斯的计算机天赋，还是他平易近人的处世风格，或是绝妙的创意、处事不惊的风范、坚定的目标都成为筑就苹果企业文化的核心内容。

1998年，随着苹果公司市场上的优异表现，苹果公司的市值从当初的20亿美元上升到160亿美元，而聪明睿智的埃卢手中的股票也从当初的每股18美元上升到每股100美元，增值率高达500%。埃卢的一箭三雕计划终于水到渠成。

对于这次眼光独到取得的巨大成功，埃卢总结道："在进行投资时，一定要把目光放在投资项目的执行者身上，没有优秀的执行者的项目绝对不会是一个优秀的项目，因为任何事情都是由人来推动的。"

第五章　独特财富观点的未来之路

1. 信息给埃卢带来的第三次浪潮

现代社会是一个信息社会，是知识经济与信息产业占主导地位的社会，以计算机、微电子、通信技术为首的信息技术革命是社会信息化的动力与源泉。劳动力的主体是信息的生产者与传播者。而比尔·盖茨的《未来之路》在所有关于信息产业的诸多论述中，都是最具有影响力的。

《未来之路》让读者了解信息高速公路全面目，且称得上是21世纪人类生活全面的最佳入门书。早在十几岁时候的比尔·盖茨，就预见低成本计算机也许会对社会甚至整个时代产生冲击性的影响。年轻的比尔·盖茨觉得他的使命是"让每一个家庭，每一张桌子都有一台计算机"。而他也为此奋斗了几十年。

将来几乎所有的信息都将变成数字，图书馆里面全部的印刷品都会被扫描并且以电子数据的形式存储在磁盘或光盘上，报纸和刊物将完全以电子形式编写，而印在纸张上只是为了便于发行，计算机所提供的低成本，高速度处理和传输数字信息的能力，将改变家庭和办公室传统的通信设施，在不久的将来，进入每一个家庭的都可能是光纤电缆也就是我们现在用来传递电视信号的那种导线，它将能够传送一个家庭所需要的全部数字数据。比尔·盖茨对这些在不久的将来发生的一切都深信不疑。

埃卢对市场敏锐的洞察力都是被我们大家所认可的，哪怕是他从来没有涉猎过的行业，他也可以轻松地把握趋势。埃卢曾经在接受采访中毫无保留地表达了对比尔·盖茨的远见卓识的钦佩，不止一次地强调信息在未来社会的重要意义。

2004年埃卢接受美国《商业周刊》记者采访时这样说道："信息革命才刚刚开始，随着技术的发展，通信成本将迅速下降，当它的价格降低，并与其他技术进一步结合起来时，那些情绪激昂的政治家们和那些热心此道的人所说的'信息高速公路'将不会再是口头禅了，它将会像'电'这样实实在在、影响深远。"随着信息技术的不断发展，信息技术和社会需求将成为推动人类进入信息社会的敲门砖，整个人类世界逐渐融为一体，人民开始打破国界，实现全人类的共同合作。

比尔·盖茨的《未来之路》是一本对埃卢产生巨大影响的书，他不但用自己的业余时间来研读这本《未来之路》，甚至还要求卡尔索集团的高层管理者都要在这个问题上达成高度的一致。

埃卢前瞻的意识让他大胆地预言道："技术的发展终将改变人类的社会结构，人与人之间的互动将会更加频繁，这种互动既不是面对面的交流，也不是通过电话进行，而是通过网络。尽管人类现在仍然继续着传统的生活。"

埃卢也常常对下属们大谈信息社会的重要性："我相信比尔·盖茨的说法，我跟他深谈过，要想在未来的社会取得成功，信息就是关键。未来是属于那些懂得该如何管理信息、疏导信息、利用信息的人。如果卡尔索想赢得未来的战斗，就一定要进入信息社会。如果墨西哥想在未来的发展中不落于人后，就一定要在信息技术上及时跟进。"换句话来说，在现代社会的发展脚步中，信息技术是不可或缺的，一旦信息技术得到了发展，人类就等于彻底敲开了信息社会的大门，整个人类的生存状态也将大为改观。而突破信息技术发展瓶颈的，就是计算机，计算机可以让整个人类的生存状态大为改观。

第一台计算机ENIAC于1946年2月在美国加州问世，当时用了1.8万个真空管和8.6万个其他电子组件，速度只有每秒300次，或5000次加法，面积却有将近两个教室那么大，耗资100万美元以上。尽管ENIAC有许多不足之处，但它毕竟拉开了计算机时代的序幕，是计算机的始祖。

1968年，安迪·格鲁夫等人创立英特尔公司，开始煞费苦心地研究如何提高计算机的运算速度。

1975年，IBM公司推出了为个人所用的个人计算机，人类进入真正意义上的计算机社会。同年，《大众电子学》杂志封面上的阿尔塔8080型计算机图片启发了比尔·盖茨，与好友保罗·艾伦在哈佛阿肯计算机中心没日没夜地干了8周，终于开发了革命性的Basic

语言，同时为人类驾驭计算机铺平了道路。

　　1976年，两个疯狂的天才，一个21岁的史蒂夫·乔布斯和一个26岁的史蒂夫·沃兹尼亚克，"苹果二号"在乔布斯自家的车库里成功开发了，这是有史以来第一台具有彩色图像显示功能、键盘、电源以及造型的个人计算机产品，也是第一台上市并进行销售的个人计算机。

　　1973年5月，"以太网络"由鲍伯·梅特卡夫发明，并于1979年4月正式成立3Com公司，大力推动了计算机网络的发展。

　　迈克·戴尔以1000美元和一个在计算机业中前所未有的理念，在1984年成立了戴尔公司，开始避开给产品增值较少的中间商，直接向最终用户销售量身定制的个人计算机，从而加速了计算机个人化的步伐。

　　1991年8月6日，蒂姆·伯纳斯·李建立了世界上第一个网站，它告诉了世人万维网是什么，如何使用网页浏览器，如何建立一个网页服务器等问题。

　　自此之后，人们由各种途径四面八方分批冲进信息社会的大门，齐心协力地点燃了网络世界的火焰。而在人类进入虚拟社会的那一刻，埃卢应该正坐在他的办公桌前，盘算着如何让墨西哥人也随着潮流进入虚拟社会，如何在墨西哥布上一张更高效、更精致的通信网络。但是，直到大约9年后，埃卢才在网络发展经历严冬的时候潜入美国，开始了自己在北方的行军布阵。

2. 世界首富带给商圣的启示

在比尔·盖茨的《未来之路》中，他明确地表示：在不久的将来，几乎所有的信息都将变成数字。比如图书馆中的印刷书会被扫描或者刻录到光盘上；报纸或刊物完全是以电子版的形式编写；图片、电影、录像都被转换成数字信息等等。事实证明，这些都成为了现实。

而我们的天才商人埃卢，对比尔·盖茨的理念非常着迷。以至于在一段时间之内，他用自己的全部业余时间来钻研这本书。甚至在卡尔索集团的董事会上，这本书的内容也成了大家讨论的重点。埃卢认为：技术的发展会改变人类的结构，人与人之间的沟通会更频繁，但这种互动并不是面对面，而是通过网络。

20世纪末的墨西哥，才刚刚解决电话的问题，互联网的概念离墨西哥人民的生活还很遥远。但是受到《未来之路》的影响，一向懂得把握时机，有前瞻意识的埃卢已经意识到互联网的市场有巨大的潜力，于是开始准备行动。从1996年开始，埃卢就有了一个新的话题——互联网。一些跟着埃卢身边工作已久的人都发现了埃卢的决心。

1996年，世界上绝大多数的人对互联网还没有任何的概念，完全不知道互联网是什么，互联网界还是一片荒芜之地。只有极少数公司选择利用互联网作为沟通工具，随便打开一家网站，你就会看到，网站上的信息少得可怜，仅仅只有几句话的介绍，没有任何动态效果，更别说时常的更新，甚至网站上的图片都是模糊不清的。当时个人网络用户更是少得可怜。那时候的互联网呈现给用户的，只有大量的文字，而且当时网络传输的速度惊人地慢，而传输的信息形式又极其有限，所以当时的人们对互联网普遍没有信心，持观望的态度。

极具胆识和前瞻意识的埃卢可不这么看，埃卢认为，互联网本身孕育着一种极大的爆发力。一旦网络兴起，传统的竞争对手将会变得不堪一击，不论是报纸、杂志、电视、还是电信公司。

但是当时互联网还是一个尚未普及的新技术，宛如一片未被开垦的处女地，偶然地向世人开启了一道缝隙，而这道缝隙的曙光就来自于美国。

美国！计算机的发源地，也是网络技术的先锋大本营。到2010年为止，所有关于互联网的新商业模式和技术革新几乎都来自美国。20世纪末的美国已经率先闯入了互联网的尖端领域。

当时的墨西哥，人们才刚刚解决了电话的问题，根本没有人关心，或者没有人知道什么是网络，互联网这个概念对他们来说是一片空白，就像跟野人说UFO一样。但是埃卢并没有被当下的市场前景遮住双眼，他要做的是永远把目光瞄准未来。

从1996年开始，埃卢除了精心研读比尔·盖茨的那本《未来之路》之外，便一头栽进对互联网的狂热之中，他还阅读了几乎所有能够找到的科技杂志，废寝忘食地阅读着，对新技术的兴趣可以说到了痴迷的地步。埃卢还亲自考察了信息市场，而这一年，全球经济开始出现全面复苏的迹象，野心勃勃的埃卢开始把目光投向美国，开始了自己事业的全球化进程，寻求下一个目标。

1996年，美国仿佛在顷刻之间进入了互联网高潮，各种各样的互联网公司如雨后春笋一样，一夜之间开遍了旧金山郊区一个叫"硅谷"的狭长地带。

埃卢曾经对儿子说，自己把进入互联网这个新行业作为他60岁之前要完成的最后一件工作，也希望自己能够早日做到。为了实现这个愿望，他把目光转向了不远的美国。

埃卢向来是一个目标感超强的人，一旦想清楚了一件事情，便会立即下手，以最快的速度把它完成，说到便立即去做。于是在1997年，埃卢一次又一次地来到距离墨西哥只有几百英里的硅谷，希望以最快的方式加入到这场新革命当中。

第N次来到硅谷的埃卢偶然发现，一家名叫普罗德的公司正在硅谷附近的萨克拉门托铺设网络线路。埃卢突然意识到，线路才是网络社会的根本命脉，只有线路才能传输各种人们所需要的信息。

在60岁那年，被认为是"疯狂的老头子"的埃卢怀着对未来之路的梦想，开启了自己的网络之旅。

3. 埃卢的网络钥匙

埃卢怀揣着对未来之路的梦想，经过了一年多的寻找之后，他终于确定了一个绝佳的猎物，就是埃卢看到在萨克拉门托铺设网络线路的公司普罗德。普罗德是一家总部位于纽约的网络服务提供商。公司成立于1984年，是由希尔斯百货和IBM两大股东合资成立的。与其他众多网络公司不同的是，普罗德成立的初衷跟网络根本扯不上任何关系，两大股东当初合资成立这家公司的目的只有一个，就是让顾客可以通过电视和电话在家中购物，其形式有点像电视购物的性质，通过IBM的计算机技术为客户设计了一个类似于网络终端的功能，这就是普罗德公司的原型。

普罗德成立没多久，两大股东发现普罗德的200万用户更多地使用它收发电子邮件而不是购物。它们便开始试着对大量收发电子邮件的客户进行额外收费。这种做法大大减少了普罗德的用户。再加上AOL随后立即跟进，为客户提供大量的免费网络服务，因此许多客户放弃了普罗德，普罗德也瞬间丧失了自己的领先地位，市场地位一下子落到第三位。市场上的失势，导致普罗德股价在股市上不断下跌。

就是这个关键时刻，一向眼光独到，善于低买高卖的埃卢看中了普罗德强大的网络覆盖能力和内容提供的能力，于是趁机实行收购计划。埃卢立刻展现出他出色的合纵连横的本事，在他的积极劝说下，1996年7月28日，美国国际无线集团同意与卡尔索集团共同出资约2亿美元收购普罗德。后来，埃卢又通过收购一些零散股票，最终使自己成为普罗德最大的股东。

IBM和希尔斯前期的投入资金已经达到了10亿美元，埃卢认为这笔交易非常合算，通过这样的方式埃卢成为了普罗德最主要的股东，并最终于1999年积极地完成了普罗德的上市。

就这样埃卢一脚踏入信息市场的康庄大道，开启了信息市场的大门，开始了在互联网领域的征战。

埃卢的收购伙伴，当时国际无线集团的主席格里格·卡尔对此次的收购也是非常满意。他美滋滋地评价："这是一个伟大的商机，普罗德将带领我们走向世界"。

而这次收购对埃卢来说，是他实现战略转移的关键一步，这意味着埃卢从此拥有了介入通信产业的技术力量，并为他以后打赢墨西哥的网络战争埋下了非常好的伏笔。

就在人类即将进入21世纪的时候，热火朝天的互联网突然遭遇到了一场巨大的灾难，纳斯达克的科技股指数一落千丈，一批又一批的网络公司纷纷关门大吉。

虽然在这个时期是网络的严冬，但埃卢对新科技的狂热和信心依然不减，他告诉自己，对于卡尔索集团来说，想要在信息社会中有所发展，紧紧扼住信息社会的命脉，那就不得不依靠网络和电信，而随着网络和电信的发展，人类早已在不知不觉间步入了信息社会。

随着互联网的巨变，大批的投资者都纷纷撤离网络战场，埃卢反而逆流直上，继续加大投资。所有的成功人士都有一个共同的特点，同样，埃卢也对自己的目标有着坚定的信念，哪怕在前往目标的道路上经历挫折与困难，埃卢都会用惊人的坚韧与毅力挺过去。当墨西哥人都不知道什么是互联网的时候，他却已经下定决心要在美国，在一个许多人唯恐避之不及的领域大展拳脚。

对于世纪之交的那场网络巨变，埃卢有他独到的见解，他相信："这场巨变告诉我们一个事实，网络仍处于一个非常脆弱的阶段，之所以会出现这种情况，最根本的原因就在于网络社会的基础还不够，没有足够的人上网，网络业还没有真正成为人们生活当中不可或缺的一部分。"

2000年2月1日，卡尔索集团旗下的桑伯恩公司正式宣布进入美国计算机零售市场，投入8亿美元巨资收购了北美最大的电子产品和计算机相关产品经销商Comp USA，并将其变成卡尔索集团的全资子公司。

让埃卢始料不及的是，这场看似简单的收购却让他成为2000年美国最受关注的人物之一，他在整个拉丁美洲的影响范围也迅速膨胀，成为国际社会的核心人物。

在我们的印象当中，美国是一个特别崇尚自由和公平的国家。从另一方面来看，美国人又特别热爱自己的国家。据说，当你问非美国人在美国的感受时，他通常都会回答你："非常好，这是我去过最棒的国家。"因此，当美国人得知身为中东移民的埃卢收购了自己国家最大的电子产品零售商城时，其震撼度可想而知。

随之，社会各界的舆论开始对埃卢口诛笔伐，埃卢被美国人称为"一个侵入美国的阿拉伯人"。甚至在收购完成的半年之后，许多美国媒体还在呼吁美国政府对此事进行彻查。

在格鲁媒体的"关注"中，埃卢始终坚持自己的立场，直到德克萨斯州最高法院宣判此次交易合法时，美国人才不得已地接受了这个事实。

收购了Comp USA之后，埃卢按照自己的方式给Comp USA内部进行了一次大手术。很快，在埃卢的改造下，Comp USA走出困境，开始向世人展示自己昔日的辉煌。这次收购Comp USA可以说是埃卢的典型交易，它再次向世界展示了"拉丁美洲狙击手"的远见和改造功夫，同时也标志着埃卢开始走出墨西哥，逐渐进入美国市场，而且，这是他海外的第一个战场。

在随后近两年的时间里，埃卢对外界的各种舆论保持沉默，但了解他的人会知道，他会有更深思熟虑的战略布局。

4. 埃卢的拉美商业航空母舰

如果，把拉丁美洲比喻成埃卢的商业海洋，那么埃卢的商业航空母舰就一定是美洲移动通讯。

20世纪80年代的主角是计算机，90年代的主角是网络，在21世纪的最初几年，人类社会的主角是移动通信。

随着科技的进一步成熟，进入21世纪以来，网络技术也以更加快捷的优势迅速普及。手机和电话在人们生活中扮演着越来越重要的角色，移动通信开始成为人们生活中的一个重要组成部分。根据不完全统计，2000年，全球手机用户为7亿左右，而到了2003年，全球手机用户从2000年的7亿增长到15亿，翻了一倍，到2010年为止，全球手机用户已经达到约三四十亿。

一个正常的商人，根据这组数据，都会想到世界上绝大多数人都已经拥有了手机，没什么市场。但是埃卢的思维永远异于我们常人，他看到的是世界上还有几十亿人没有使用手机，而这将会是一个巨大的市场。

其实早些年埃卢就想对墨西哥电话公司做一次大的改革。因为现在有了普罗德的IT技术和国际无线集团的支持，再加上墨西哥电话公司本身已经拥有的遍布拉美的通信网络，埃卢决定成立一家面向整个美洲的移动通信服务公司，就是后来的美洲电信。

埃卢一向雷厉风行，2000年9月，卡尔索集团宣布将墨西哥电话公司的无线业务分离出来，成立专门的美洲电信。最初的美洲电信覆盖区域只有墨西哥、危地马拉、厄瓜多尔、美国等4个国家，用户规模也只有1100万。

很快，埃卢的实力和能力，再次在美洲电信的发展历程上得以证明，这是埃卢魅力的一次完美的展现。

美洲电信成立不久，埃卢就展开了一系列疯狂的收购兼并，在拉美大地上掀起了一股并购狂潮。2005年，美洲电信旋风般地收购了阿根廷的电信技术公司和Ertach及其附属公司，巴西的巴西电信公司，智利的智利东部公司，并在2000年的时候进入美国市场。

埃卢最大限度地利用自己在其他国家的交易，成功地为美洲电信在拉丁美洲的业务扩展创造了许多有利条件，埃卢前期的市场布局在美洲电信的发展过程中再次发挥出巨大的威力，而其中最具典型的例子就是与威瑞森的交易。

2005年4月，轰动一时的MCI收购战当中，埃卢在最后的时候，不惜放弃MCI其他股东的利益，临阵倒戈，将手中持有的13.7%的MCI股票高价出售给威瑞森，从而使威瑞森在收购战中成为赢家，成功地将MCI据为己有。

而外界对此事众说纷纭，每个人的猜测都不同，猜测最多的是很多人认为埃卢此举是被威瑞森的高价打动了，其实这种猜测不见得完全准确，因为就在威瑞森提出竞购MCI申请的同时，埃卢就已经开始在酝酿下一个计划了，而之所以对威瑞森青睐，只不过是埃卢拉美战略的一部分。

果然，在威瑞森找到埃卢提出收购MCI的时候，埃卢提出了早已想要的要求，要跟威瑞森做一笔交易，那就是威瑞森要将自己在拉丁美洲的3家移动服务公司出售给美洲电信作为回报，埃卢则把手中的MCI股份转让给威瑞森。

消息传出后，立即在美国引起了轩然大波。原来埃卢在收购战当中之所以力抗威瑞森的收购提议，只不过是为了通过MCI股东向威瑞森施压，迫使其接受埃卢的交换条件。MCI的股东终于发现，原来自己只不过是埃卢手中的棋子而已。

不满归不满，即便威瑞森和埃卢的交易曾经上了法庭，但是德克萨斯州最高法院还是不得不宣布这起交易是合法的，并于2005年批准了这笔交易。根据当时美洲电信总裁丹尼尔·哈吉·阿布拉德向外界公布的数字："这笔交易为美洲电信带来了790万无线通信用户和500万个有线用户，大大增加了美洲电信在拉丁美洲的市场覆盖率。"

消息传到墨西哥的证券交易所之后，埃卢的股票立刻暴涨，埃卢也成为当年《福布斯》排行榜上的红人。

2006年4月，埃卢再次动用自己在威瑞森的影响力，说服威瑞森将波多黎各、委内瑞拉以及米尼加共和国3个地区的移动服务公司以37亿美元的价格出售给美洲电信，再次大大刺激了人们对美洲电信前景的想象力。

协同！埃卢不止一次地强调这两个字的重要性。他认为协同是所有商业活动的秘密所在，特别是在当今的科技时代，协同已经成为管理者管理成败的重要标准，能否在各个企业部门之间做好协同，能否在自己的团队内部做好协同，将成为决定商业活动成败的关键。

美洲电信是成功的，它完全做到了团队内部的协同合作。

经过了6年的潜心发展，美洲电信一度成为拉丁美洲最大的移动通信服务提供商。他提供的服务包括简讯、彩铃、无线上网、信息娱乐等，有超过4000万用户，一跃成为全球第五大无线服务提供商。此时埃卢已经成功地在拉丁美洲的上空布置完成自己的势力，并开始把目光转向了其他的方向。

5. 破解埃卢财富意识之谜

看到这里也许有人会说，埃卢是因为会炒股才会那么富有，其实真正让埃卢富有、让埃卢赢利的是他的管理。埃卢曾经说过这样一句话："在收购任何一家公司的时候，我们看到的都不是它所表现的功能，而是它所隐藏的潜力，而这种潜力多半取决于它跟我们现有其他企业的配合。"卡尔索是一个庞大的商业集团，如果不精于管理，谁能保证他们赢利呢？但是我们要强调的是先收购、再管理。如果不是成功地收购又怎么能谈得上管理呢？这就是埃卢财富意识之谜。

在墨西哥，埃卢更是公认的管理专家。他的许多管理理念和操作风格都是墨西哥乃至每个管理者学习的榜样。虽然工程师出身的埃卢没有受过任何严格的商业训练，但是他却能管理这个庞大的商业帝国，并让它在长时间内一直保持高效的运转。这是为什么呢？难道真的有所谓的秘诀吗？那么埃卢的秘诀究竟是什么呢？

其实对这些好奇的并不只有我们，还有许多管理学领域的专家和学者，他们对埃卢的成功案例表示出极大的兴趣，并纷纷着手进行研究。在墨西哥有些大学甚至成立了专门的埃卢研究专业，专门破解所谓的"埃卢之谜"。

研究发现埃卢的大部分商业资产都是通过商业并购得来的，所以在对埃卢的商业历程进行研究的过程中，研究者们通常会把焦点放在以下3个问题上：

在收购企业之前，埃卢是如何选择要收购对象的？标准是什么？在收购企业的过程中，埃卢为什么那么气定神闲、胸有成竹，而最后也似乎总是能成功地收购自己所选定的目标？

在收购成功之后，埃卢是如何将收购的企业在短期内扭亏为盈的？他的财富秘诀到底是什么？

瑞士洛桑管理学院的教授爱德华·威尔逊曾经分析过埃卢的收购原则。他所得到的结论是，埃卢之所以能连战连胜，有两个秘诀：协同效应和强者联盟。

什么是协同效应？协同效应就是指企业生产、营销、管理的不同环节、不同阶段、不同方面共同利用同一资源而产生的整体效应。或者是指并购后竞争力增强，导致净现金流量超过两家公司预期现金流量的总和，又或者合并后公司业绩比两个公司独立存在时的预期业绩高。根据威尔逊教授的说法，不论收购的对象是什么，收购的金额有多少，在发动收购之前，埃卢一定会坚持让新的收购目标与自己原有的企业之间形成协同效应。

让我们通过例子看下，埃卢最初收购的铝管厂和光纤电缆厂为墨西哥电话公司的发展提供帮助，而他最早收购的那家烟盒厂又可以继续为菲利普·莫里斯提供服务。

埃卢也坚持了同样的原则收购了Comp USA。从表面看来2000年之后，Comp USA并没有太多的变化，每家Comp USA店的外形不变，简单的土黄色外壳加上标志。Comp USA营业厅里也没有发生太多的变化，依然是一排排的商品整齐地排列在货架上，五颜六色的显示屏幕让人目不暇接。但这些都是表面现象，其实Comp USA的变化还是有的，作为卡尔索集团的下属，Comp USA自然要为母公司贡献力量，因此Comp USA开始加大为客户提供技术服务的力量。

在2000年，埃卢觉得网络是脆弱的，只有在短期内以最快的速度培养出大量的网络用户，才能解决由于网络用户基本数量不足而导致的网络脆弱性。而对墨西哥来说，想要做到这点难度太大，即便普罗德公司已经在非洲展开了网络行动，但埃卢知道非洲的网络用户恐怕在未来几十年当中都会保持在一个相当低的水平，当时唯一的，也是最简单突破的就是美国。没有比Comp USA更合适以尽可能的方式教会用户如何上网，迅速普及网络的。

所以，在Comp USA被收购之后不久，2000年6月，Comp USA开始为客户提供一系列的上网服务，免费为客户提供网络应用培训，帮助众多的中小企业客户实现上网的需求。引人注目的是，Comp USA的这一策略与微软公司的软件营销策略不谋而合，所以Comp USA很快跟微软公司合作，签订了长期的培训协议。双方商定，微软公司负责提供培训人员，Comp USA负责提供场地和活动经费，以此为Comp USA的客户提供培训服务。这一合作让埃卢一举多得，既提高了Comp USA的服务质量，又争取到了微软许多软件产品的独家销售权。

2002年，埃卢曾经在盖里·史密斯的采访中对Comp USA收购战略进行过总结："我们会不断地在与科技相关联的领域当中进行大量的小规模投资，这样我们就可以形成充分的协同效应。长途通话已经成了一项商品，但它的寿命并不会太长。短途通话也是如此，所以我们必须尽早转移到新的领域。"

"互联网是信息社会真正的核心，网络是整个新文明的心脏，而这个心脏的神经系统，或者说是循环系统就是电信。而要想让尽可能多的人尽快进入这种新的数字文明时代，我们就需要有足够的商店来销售相关产品、相关服务以及相关的技术。""这是一场全新的革命，不只是Comp USA，还有欧迪办公，马克斯办公，西尔斯办公，斯特普尔斯等。所有的零售商早晚都会加入进来。"

所以在2003年网络业开始复苏的时候，埃卢一点都不觉得奇怪，并跟自己的老朋友报喜说："不得不承认，是比尔·盖茨向整个人类敞开了信息社会的大门，而真正把拉丁美洲拉进这座大门的，还是我埃卢。"

在谈到收购公司的标准时，长期在埃卢身边的工作精英博萨金融服务集团CEO、有着多年投资经验的厄瓜多尔·瓦尔德斯说道："在考虑进入任何一个行业、或者收购任何一家公司之前，埃卢都会首先仔细研究一下该行业或该公司的财务报表。埃卢是个对数字特别敏感的人，他可以毫不费力地读懂这些数字背后的含义，一家公司的价值是否被严重低估他可以很快地判断出来。除此之外，在投资任何一家公司之前，他还会花费大量时间仔细研究这家公司所处行业的竞争态势以及发展前景。埃卢跟大多数投资者不同的是，他并没有把眼光仅局限于短期的数字计算，而是会从一位企业家的角度审视一家公司的内在价值。埃卢会对一家公司的全部资产，从人力资本到它的不动产等，进行一次系统的整理，然后从一个经营者的角度进行长期投资。"

埃卢收购的第二个秘诀就是注重强强联合。他的家族在卡尔索集团持有超过60%的股份，但是在卡尔索集团投资的许多公司中，尤其是美国公司中，埃卢都没有担任主要的职位，甚至在很多公司当中，埃卢都没有要求成为绝对的股东。

埃卢认为，以外国投资者的身份进入美国这样一个极具竞争力的市场，要面对的是来自各方面的巨大风险，想要在这种情况下发挥所长，最后的途径就是和其他公司建立强者联盟。在吞并CompUSA的过程中，他就明确表示欢迎SBC和微软公司加入其中。

人类逐步进入科技时代，合作和联盟已经成为实现发展的一个有效途径。尤其是在竞争如此激烈的今天，很少有哪家公司能够单枪匹马就能获得成功。大多数情况下，公司之间需要建立一定的联盟关系，为了一个共同的利益大家一起合作。显然埃卢早就意识到了这点，善于建立强者联盟，找到最佳的合作伙伴开展并购，通过有效的管理，让被并购的公司恢复活力进而实现发展，这就是埃卢另一个成功的秘诀。

曾经有媒体认为埃卢是一位投资天才，但埃卢自己并不这么认为，他觉得他更多是一位管理者而不是投资者。除了成功收购公司获得公司的控股权外，更重要的就是建立、加强和巩固新公司的管理运作。

在成功收购一家公司之后，埃卢第一件要做的事情就是减少运作成本，重新整合，让企业合理运作。他通常都会引入一支全新的管理团队，让企业尽快实现赢利、走向正轨。他只是引进一部分人，而不是全盘引入大队人马，如果那样就适得其反了。他的目的是精简人员，减少管理层次，从而建立管理层与商业运作之间更为直接的联系。

此外，埃卢要求被收购的公司把过去有用的只是运用到新的管理实践中。埃卢从来不认为旧式的管理就是过时的，在他看来，以往的管理经验往往对公司的重组与发展发挥着不可或缺的作用。

很长一段时间以来，卡尔索集团都被认为是埃卢一个人在表演。至于埃卢在管理上到底有什么秘诀，外界始终说法不一。到了2000年，埃卢由于心脏病而被迫休养，卡尔索集团、乃至整个墨西哥的股市都出现了动荡，所以很多人相信卡尔索集团的成功秘诀就在于埃卢本人的管理天赋。

事情真的如此简单吗？墨西哥城市自治大学经济学教授塞尔·加里多是墨西哥最著名的卡尔索研究专家，他甚至把卡尔索商业帝国的发展史作为一项专门的案例来进行研究。加里多教授认为，埃卢之所以能够在如此短的时间内创建一个如此庞大的商业帝国，有很大程度上是得益于他拥有一支十分精明能干的团队，能够在短期内迅速将并购来的企业扭亏为盈。

这位墨西哥大亨背后这支精明能干、十分值得信赖的执行官团队的人数并不多，只有六七位，但却都是埃卢最信任、最为倚重的人，其中有墨西哥电话公司的CEO艾莫·智科·帕尔多，英博萨金融服务集团的投资银行家厄瓜多尔·瓦尔德斯，还有埃卢的3个儿子。这些年轻人年纪都在30多岁，经验丰富而且富有朝气。

埃卢的儿子，现年37岁并担任英博萨主席的马尔科·安东尼奥·斯利姆·达米特曾经说过："在卡尔索并没有太多级别，我们的大部分工作都是通过一种平行管理的方式进行的，而不是那种等级森严的金字塔式的方式。"

第六章　决战MCI

1. 暗流涌动的MCI

2004年1月31日早8点半，位于美国德克萨斯州圣安东尼奥市的通信业巨头SBC总部大楼举行了一场盛大的新闻发布会。新闻发布会的主角就是当时的SBC的董事长兼首席执行官埃德·惠特克。

早在一年前，电话电报公司董事会主席兼首席执行官戴维·多曼就曾预测："美国电信行业经过重组已经逐步走出低谷，现在进行收购的时机已经成熟。"而他没有猜中的是这次收购案中，电话电报公司扮演的却是被收购的角色。

就在前一天晚上埃德·惠特克所率领的董事会还在开会为是否要进行收购而争论不休。而今天当埃德·惠特克还在为即将到来的时刻兴奋不已，内心感慨万千的时候，一切却都已经成了定局。因为在两个小时之后，在这栋大楼的新闻发言厅，他要向世界宣布一个足以写入美国公司史的爆炸性新闻，2004年1月31日他所在的SBC公司将要收购有"美国电信发展活化石"之称的美国电话电报公司。

这次的收购金额高达160亿美元，是美国历史上屈指可数的几次重大的收购之一。所有人都明白一旦收购成功将意味着什么，新成立的公司年销售额将达到710亿美元，SBC也将彻底摆脱"德州电信公司"的形象，一跃成为一家世界级的电信公司，与美国最大的电信公司威瑞森并驾齐驱。

8点半正式召开记者招待会，SBC新闻发言人拉里·索罗门向记者宣布了董事会最终决定："批准SBC与电话电报公司的并购协议。SBC将以价值150亿美元的股票和10亿美元现金的方式收购电话电报公司公司，SBC设在德克萨斯州圣安东尼奥市的总部作为新公司的总部。SBC董事长兼首席执行官埃德·惠特克将执掌新公司。如果得到政府监管部门的批准，合并案预计将于明年上半年完成。合并后的新公司业务涉及市话、长途以及移动电话，预计年收入将达到710亿美元。公司规模也将超过威瑞森，成为美国最大的电信服务商。"

消息一经传出，一大早威瑞森大楼顶层的主席办公室就已经人满为患。威瑞森主席兼首席执行官伊万·赛登伯格对德克萨斯州传来的消息没有感到过于吃惊，却迫使他不得不抓紧时间实行自己的下一步计划，因为在此收购之前SBC在市场的地位微不足道，对威瑞森来说构不成一点威胁。可一旦收购成功，威瑞森不论是在传输技术上，还是用户数量上都将失去领先地位。威瑞森的霸主地位将彻底消失。

对于这样的情况伊万·赛登伯格早就有了对策，他的公司与奈斯特通讯公司私下的谈判已经进行得差不多了，如果一切顺利的话，2004年年底之前威瑞森就可以正式接管奈斯特通信公司的23个市场的无线频段资源，这也意味着威瑞森能再次恢复自己的霸主地位。

但是仅仅恢复霸主地位还远远不够，此时的他正在酝酿一个更为庞大的计划，按照他的计划，威瑞森这次的对手很可能就是刚刚成为电信霸主的SBC。

但是出乎意料的事情发生了，SBC并没有跟威瑞森抢这块肥肉，而真正让伊万头疼的是一家名叫奎斯特的公司。

奎斯特是美国著名的宽带国际网络通信公司，已有上百年的历史。在20世纪90年代中期合并于地方电话公司US West后，奎斯特逐渐转型为全方位电信服务巨头。从1995年开始，在总裁理查德·诺特贝尔特的率领下，奎斯特公司进行了疯狂的并购，六年之内成为了美国第四大电信营运商，并逐渐崛起为美国电信市场上不容忽视的力量。

埃卢曾经说过："你必须很清楚自己想要什么，如果做不到这一点，你就不会懂得该放弃什么，而这又会反过来决定你是否能得到自己想要的东西。"2004年，是美国市场形势跌岩起伏的一年，美国几大电信巨头合纵连横，相继出招，而其中变数最大的要数MCI。MIC到底想要什么呢？

2. MCI的生存和繁荣

2004年的征战没有让美国的电信巨头们偃旗息鼓、休养生息，一波未平一波又起，这次巨头们争夺的目标是一家名叫MCI的公司。《华尔街日报》在MCI丑闻暴露之后发表过一篇评论说："如果说华尔街是一个舞台的话，MCI无疑就是这个舞台上最大的丑角。"

说起MCI就要先说说它的身世，首先要介绍它的前身，它就是1983年成立的大名鼎鼎的世通公司，在密西西比州的一家小餐馆的餐巾纸上，43岁的伯纳德·埃伯斯跟几个合作伙伴草拟了一份商业计划书，决定成立一家电话公司——长途电话折扣公司。并且把总部设在密西西比州的克林顿市。这家长途折扣公司就是世通公司的前身，公司成立初期，主要业务是集中从美国电话电报公司那里以低价购进长途电话服务，然后再以稍高的价格卖给消费者，从中赚取差价。

当时美国的电信业竞争异常激烈，1985年，长途折价服务公司股东之一埃伯斯开始决定制定一套新的发展策略，通过兼并和收购达到超快的增长速度。而这个机会在一个特定的时间内进行得非常顺利，埃伯斯更是擅长从收购中谋取利益，在1995年公司也正式更名为"世界通信公司"，也就是被世人所熟悉的世通公司。

这段时间，由于世通公司的规模有限，所以收购的对象是一些小型的地方电信商，每次的收购都能使世通公司的财务状况得到大幅度改善。而且在大多数的收购中，世通公司都不需要付现金，而是以股票交换的方式来达到控股的目的。1989年公司正式上市，任何曾购买100美元世通公司股票的投资者都可以获得3000美元以上的股份。到1999年6月21日世通公司股票达到历史最高，涨至64.5美元的高峰。市值更是突破1960亿美元。

历史新高让华尔街的投资银行和证券商对世通公司产生好感和信任，这为世通公司日后进一步的并购带来了更多的筹码，也给了世通公司再次扩张的机会。当然这同时也为日后的发展埋下了隐患。最终，由于经营不善，盲目扩大收购，导致公司的财务无法正常运转，世通公司在不知不觉中逐渐脱离了一家公司的正常运行轨道，公司运行的基本被忽略，主要的行动就是收购，也只能通过一次又一次的收购来维持公司运行。

随着电信行业的非理性膨胀，世通根本没发现自身存在的隐患，而且胃口越来越大。1998年，它以370亿美元收购长途电话公司MCI，这次收购对日后公司规模有决定性意义，当时370亿美元的交易金额已经创下企业并购记录，公司的股票也势如破竹。此后，世通成为了华尔街一家名正言顺的大公司。

就这样，在1985—2000年间，世通公司由一个二流的通信公司最终成为美国第二大长途电话公司和全球最大的网络服务和电子商务公司之一，旗下员工达到8.5万人。在这15年里，世通公司一共合并了70多个企业。2001年，公司营业额352亿美元，公司的业务也开始集中为两个部分。世通集团主要负责为大企业提供数据交换和电话服务、互联网链接、计算机系统管理，并操作世界最大的互联网通信协议网络。MCI集团负责提供长途电话服务。世通公司还拥有巴西长途电话公司的控股权。

2001年，世通公司会计丑闻被曝光，公司的股票一落千丈，最后公司管理层不得不申请破产保护，作为公司的总裁埃伯斯也因为审计问题上了法庭。

2002年，顺利通过破产保护的世通公司正式更名为MCI，在进行一年多的外围交易之后，2004年4月重返纳斯达克市场，即便如此，MCI也没有好转的迹象。

2004年5月27日，MCI在旧金山地区成功地实现了当时世界上最快的IP传输，引起业内轰动。MCI虽然在技术上屡有突破，但在财务方面仍然没有得到很大的改善，公司仍然处于亏损状态，到了2004年11月的时候，公司的亏损额已经高达34亿美元，陷入了艰难的局面。

这个时候，经过2004年征战的电信巨头们已经开始把目光转向MCI，准备展开一场新的厮杀。

任谁也没有想到的是，早在电信巨头盯上MCI之前，早就有一个人看中了MCI的潜力，知道这是一块肥肉，这位神秘的拉丁美洲富豪在不知不觉中已经潜入了MCI，悄悄地收购了MCI大量的股票，神不知鬼不觉地成为了MCI的单一最大个人股东，在未来的收购战中，这个人将成为MCI命运的最终裁决者，他就是埃卢。

3. 探囊取物般成为MCI的股份持有者

埃卢向来都是一个低调的人，可是MCI一战让埃卢成名，如果之前有人不知道埃卢还可以理解，可通过MCI一战几乎无人不知无人不晓。

2004年弗吉尼亚州阿什本市，一个普通的早晨，两年多前的那场危机已然过去，如今的MCI已经重新改头换面成为一家新公司，伯纳德·埃伯斯在世通工作这22年来的努力没有白费，但是他本人的职业生涯却已经终止。现在MCI的总裁兼首席执行官迈克尔·卡佩拉斯来到了自己的办公室。

2004年，刚刚走出破产保护的MCI总裁迈克尔·卡佩拉斯为了鼓舞股东们的士气，告诉股东们MCI决定重新恢复在纳斯达克上市，公司股票以"MCIP"为代码进行交易。迈克尔·卡佩拉斯是这样说的："这么做就是为了表明我们向网络产业发展的决心。不论是从技术上，还是从管理上，我们都做好充分的准备。我们希望MCI能够尽快重新面对未来。"

这次重新上市让MCI获得短暂的喘息时间，却也为MCI的未来命运埋下了影响深远的伏笔，这也大大出乎迈克尔·卡佩拉斯的意料。

早在重新上市之前，分析师卡莱尔先生就曾告诫过迈克尔·卡佩拉斯："贵公司这种做法存在着一定的风险性，他可能会让MCI成为恶意收购的目标。"

迈克尔·卡佩拉斯对自己的判断很是自信，所以卡莱尔先生的话他根本没听进去，"卡莱尔先生，请注意你的语气，我想我比你更懂得电信市场的趋势。"

"我是为MCI工作的，我想我有义务让您知道，我们眼前的问题是关于MCI的命运，而不是单纯的电信市场的趋势问题。"卡莱尔坚持自己的意见。

"亲爱的卡莱尔，你太多虑了，MCI的命运在我们手里……"卡莱尔接着说："我想不是这样的，这次不是一般的上市，充满了变量，我怕MCI的命运恐怕会落入其他人手中，卡佩拉斯先生。"

"还记得去年的那场审计风波吗？证券交易委员会因为审计问题要对我们处以110亿美元的罚款，可后来我们还是平安过关了。"这次事件是迈克尔·卡佩拉斯的丰功伟绩。"所以，卡莱尔你错了，MCI的命运一直在我们手里。上市只会帮助我们拓宽融资渠道，我们需要大笔的资金，我们需要进军网络，没有钱，MCI的前途一片灰暗，还是让我们接受现实吧。"

两个月之后，重新回到纳斯达克的MCI股票一路上扬，投资者们对这家起死回生的公司充满期待和信心，MCI成为了纳斯达克的新宠儿。

公司在2004年第一季度因亏损3.8亿美元，不得不宣布裁员7500人，可这些对MCI没有产生一点儿不良影响，公众对MCI依然热情高涨。当年五月，MCI宣布实现当时世界上最快的IP传输；6月，MCI创造了网络传输领域的最新标准；8月，MCI宣布与爱立信建立战略联盟，向市场推出联合网络战略……MCI一系列的高调运作引起了市场的高度关注，一家名叫卢卡帝亚的公司甚至宣布："一旦排除反垄断方面的障碍，公司将会斥巨资收购MCI 50%的股票。"大批投资者竞相收购MCI的股票。好景不长，在2004年11月，因为电话费率下调，MCI再次遭受重创，但这一切都不影响各大电信巨头对MCI的胃口。许多潜在的买家依然按照原计划或明或暗地以各种方式将MCI的股票收入囊中。

而一向慧眼独具、把握时机的埃卢又怎么会错过这个大好机会呢？其实早在MCI申请破产保护的时候，埃卢已经先后投入3亿美金大量地收购了MCI的债券。后来MCI度过破产保护后，埃卢立即将手中的债券全部转化成股票，个人持有MCI 4340万股的股份，占

13.7%，成为MCI最大的个人股东。

当时这件事情引起了轰动，媒体和评论家纷纷议论，认为埃卢很有可能全盘收购MCI，将其变为自己的私有财产。面对这些传言，埃卢没有做出丝毫的解释，因为此时的埃卢正在酝酿着更宏大的计划。

2004年的收购大战已经进入了白热化阶段，随着电信市场上现有的收购对象在不断地减少，电信巨头们纷纷卷入了竞争中。

当时的电信分析家们一致认为，MCI是美国电信市场上最后一块肥肉。当时传出的SBC以160亿美元价格收购电话电报公司的消息，又加大了电信巨头们收购MCI的兴趣。就在SBC和电话电报公司完成合并后的第五天，电信巨头们便向MCI发起了攻势。上面我们说过，美国市场霸主威瑞森对收购MCI的态度很坚决，而跟他竞争的就是奎斯特通信公司。

2005年2月3日，奎斯特通信公司首先提出收购竞价投标，分析家们分析，由于考量到上市的MCI在上一季亏损了30多亿美元，所以给出了63亿美元的价格。这一价格确实不算低。在发出标价之后不久，奎斯特也意识到给的价格不低，立刻做出补救措施，通过媒体宣布："如果MCI的出售价格标的太高，奎斯特可能会放弃收购意图"，希望借由此督促MCI早下决定。

令奎斯特没有想到的是，就在奎斯特提出报价的同时，另一个有意向的收购者威瑞森通信公司也向MCI伸出手，表示出浓厚的收购兴趣。

对比当时的双方力量，按照分析师们的说法："奎斯特既缺乏高质量的用户群，又缺乏进入未来通信时代所必备的无线技术。"无论是在技术能力、市场影响力、股市表现、现金流量，还是客户基础上都无法跟当时美国巨头威瑞森相比，在这种不利的情况下，想要赢得MCI股东的青睐，奎斯特只有一个办法：那就是提高竞价。

而跟奎斯特的做法完全不同的是，威瑞森公司主席伊万·赛登伯格表示自己不会被当前的并购热潮所影响，按照威瑞森的战略部署，它将把全部的力量用在建立自己的集团服务业务上，不会因为任何其他活动而影响了公司的这一战略重点。所以在最初的几天，虽然威瑞森也表示了收购MCI的意向，但它仅仅只是跟MCI进行了一些初步的并购谈判，没有表示出太强烈的兴趣，也没有给出正式的报价。

但是，不可忽视的是，MCI旗下的大批公司业务对威瑞森有着致命的吸引力。而伊万的做法显然是在麻痹敌人，有着欲擒故纵的意味，拿下MCI也是威瑞森的战略重点之一。就在奎斯特和威瑞森争锋相对的时候，MCI幕后的神秘股东终于出现了，把已经开始的大战推向巅峰。

2005年2月10日，《华尔街日报》上刊登了一条消息，声称："墨西哥富豪，拥有MCI 13.7%股份的最大个人股东埃卢宣布，卡尔索集团将继续扩大在MCI的股份，并最终将MCI变成自己的私人财产。"

后来事实证明埃卢并没有打算要在美国拥有一家电信公司，从当时的形势上来看，这些也只是埃卢放的烟幕弹。

埃卢的女婿阿特罗·埃里亚斯向媒体发表声明，解释这一举动。阿特罗宣称："我们注意到最近两家公司提出的报价，相对比较奎斯特的报价更有吸引力，但是基于对MCI股东利益的考虑，我们希望它还能把自己的报价提高一些。否则的，卡尔索集团可能会考虑收购MCI其他股东手中的股票。"

虽然只是简单的声明，但埃卢这一举动还是引起了奎斯特和威瑞森的极大恐慌，两大公司因为这一个小小的声明开始自乱阵脚，一方面迅速提高收购价格，加快洽谈MCI的速度。另一方面开始拉拢MCI的大小股东，据说在竞争最为激烈时候，两家公司的谈判代表经常会同时出现在一位MCI股东的家门口。

MCI一夜之间成为抢手货，不到一天的时间，MCI的股票在纳斯达克股市已经上涨0.44美元，达到每股20.12美元，涨幅2.5%。

股票价格的不断上涨进一步刺激的现有买家的购买欲，2月15日威瑞森公司终于也按捺不住了，威瑞森对外宣称准备出资价值53亿美元的股票和现金收购MCI公司，这时才真正进入了MCI收购战。

威瑞森的做法显然过于草率和轻敌，提出的价格居然比奎斯特低了10亿美元。就在威瑞森提出竞购价格不到两小时，MCI的股东便通过媒体提出了反对意见。他们觉得受到了轻视，威瑞森显然并没有把MCI放在眼里，并且说："威瑞森的收购将会使股票贬值。"

不仅如此，MCI内的股东们也产生了分歧，MCI六大股东的其中三个都认为，作为美国第二大长途电话公司，MCI应该提高标价，或者拒绝收购，保持独立。

但MCI的做法并没有影响到威瑞森和奎斯特的收购计划，就在MCI发表声明的第三天，奎斯特通信公司总裁居然把价格提高到76亿美元，两家电信巨头之间的竞争更加激烈。消息一经传出，当然收盘MCI股价再次上涨超过4%。

虽然奎斯特已经提高了竞购价格，可MCI董事会还是决定接受威瑞森的收购意向，尽管MCI股东们抗议，董事会还是决定以67亿美元的价格把公司出售给威瑞森。

MCI的多位股东对威瑞森的报价表示不满，认为低估了MCI的价值，股东们甚至在特拉华州提起诉讼，声称MCI和董事会"剥夺了MCI股民享有的追求利益最大化的权利"，违背了对他们的信托责任。起诉同时还要求MCI的董事会举行拍卖会，与有诚意的买家进行公开的谈判。同时奎斯特总裁理查德·诺特贝尔特在给MCI董事会的信中写到，奎斯特不仅报价高于威瑞森，而且双方交易将提前六个月被监管当局通过。为了缓解股东们的不满情绪，阻止临阵换帅的危机，MCI的执行官迈克尔·卡佩拉斯连夜召开股东大会，并且承诺只要奎斯特能够提出更高的报价，MCI就可以重新考虑奎斯特的竞购。

消息传出，MCI的股票再次上涨1.65美元，价格达到22.31美元，而威瑞森股票则下跌37美分，由原来的35.68美元下降到35.31美元。奎斯特在2月24日再次提交并购新方案，价格增至80亿美元，并提高了现金支付的比率。

为了赢得股东们的支持，奎斯特对MCI股东出价为每股23美元，其中7.5美元为现金支付，另外15.5美元用奎斯特普通股进行支付。而且奎斯特方面还表示，如果交易能达成，将最大限度地保护MCI原股东的利益。MCI董事会表示会全面考虑奎斯特的新出价。

一些业内分析师分析，奎斯特出价已经超过了奎斯特公司的支付能力，不仅如此，分析师们还坚持认为奎斯特无法实现对MCI承诺的目标，因为MCI的网络需要升级和更新，而奎斯特没有能力做到这一点，但是威瑞森显然完全有能力投入30亿美元来改造和更新MCI的长途通信网络。

此时的威瑞森再也无法保持沉默了，威瑞森发言人埃里克·拉伯在一份简短声明中说："威瑞森已经与MCI签订了相应协议，并保证交易完成后，将为股东、用户及员工们创造新价值。竞购双方在媒体上的论战也开始达到高潮。

威瑞森总裁给MCI董事会主席的信件中表示："MCI的核心IT和网络基础设施需要马上进行投资改造，而这一切奎斯特并没有明确的计划来着手解决。"

面对这一问题奎斯特马上做出反击，声称威瑞森的做法无疑是为了阻止奎斯特公平竞购MCI公司。与此同时奎斯特第四次提高了收购的价格，于4月4日宣布把价格提高到89亿美元，足足比威瑞森高出19%。

面对奎斯特的做法，威瑞森奇迹般地选择退让，只是告诉MCI董事会，"如果贵公司认为奎斯特的价格合理，并且对对方履行承诺的能力抱有信心的话，威瑞森将会考虑退出这一并购。"一些股东因为威瑞森的退让感到欣喜，在资本投资市场，开出最高竞价的公司将获得成功。

随着形势的发展，这一切仿佛都要落下帷幕，可是大家似乎忘记了一些重要的事情，就在奎斯特准备欢庆胜利的时候，威瑞森使出了自己的杀手锏——埃卢上场了。

4月5日午夜，MCI收购事情已经接近尾声，MCI表示公司董事会将重新审视奎斯特的这一收购价格，并会作出相应的回应。大家都以为事情就这样结束了，可惜奎斯特显然低估了威瑞森的实力。就在MCI董事会开会表决之前，真正的结果就已经出来了。因为该公司最大的股东埃卢私下早已经决定把手中的股票出售给威瑞森。原因是威瑞森不但高价收购埃卢手中的股票，而且全部以现金支付，作为回报，威瑞森公司还要答应埃卢一个神秘的条件——出售其在拉丁美洲的3家移动服务公司给埃卢。

直到消息传出的那一刻，MCI的股东们才意识到自己已经被出卖了，他们纷纷控诉埃卢，可是为时已晚，此时的埃卢早已经离开纽约前往巴黎视察自己的下一个阵地了。这场MCI大战以出人意料的结果尘埃落定，而埃卢无疑是这场商业斗争中最大的赢家。

第七章　打造全新的墨西哥

1. 来自中东的拉丁美洲股神

埃卢在投资领域取得的傲人战绩为他冠上了各种美誉，在整个拉丁美洲，人们一度将他和沃伦·巴菲特相提并论，并称埃卢为"拉丁美洲股神"和"拉丁美洲的巴菲特"。

巴菲特是美国历史上最成功的投资人，也是美国资本市场决定性的力量。1997年，美国在任总统比尔·克林顿和世界首富比尔·盖茨一起去打高尔夫球，期间克林顿曾问起比尔·盖茨对美国资本市场的看法，比尔·盖茨说："这个我也说不清楚，不过，如果你想了解股市的话，我确信全世界只有一个人最有资格回答这个问题，那就是沃伦·巴菲特。"

沃伦·巴菲特，1930年出生于内布拉斯加州的奥马哈市。一直到现在，巴菲特的伯克希尔·哈撒维公司总部仍然还在这里，巴菲特做出的第一笔投资是11岁。22岁那年，他就赚到了1万美元。

1947年，巴菲特进入宾夕法尼亚大学攻读财务和商业管理。但巴菲特认为，教授们的空头理论一点儿都不过瘾，于是便拜师著名投资大师杰明·格雷厄姆。在格雷厄姆的门下，巴菲特如鱼得水。格雷厄姆反对投机，主张通过分析企业的盈利情况、资产情况及未来的前景等各方面因素来评价股票。巴菲特没有辜负他的厚望，他似乎是一位天生的投资者，从1996年——2006年的10年当中，他精准的选股眼光让他高居全球财富榜眼的位置。

而早在2004年《商业周刊》在一次报道中就曾经预言，埃卢将在不久的将来超越巴菲特，成为世界第二富豪。对于这一报道，埃卢几乎没有做出任何反应。更有趣的是，2004年美国《首富》的杂志中，发表了一篇将巴菲特和埃卢进行对比的文章，相比之下，发现了二者有很多相似之处。

第一，他们都是从中东移民过来的。说到移民，巴菲特是来自中东的犹太人后裔，而埃卢则是来自中东的黎巴嫩人后裔。

第二，他们都是投资的天才，进入股市较早。巴菲特的传说无疑让所有人认为他是一个投资的天才，他第一次投资是11岁的时候，而埃卢的精准目光也让他成为了天生的投资者，他的第一次投资是12岁。

第三，他们都是闻名于世的天才投资者。巴菲特在进入股市之后几乎是十战九胜，十拿九稳，这使他的财富一路攀升，成为所有投资者的精神导师和美国资本市场的风向标。而埃卢在股市上同样取得了傲人的业绩，几乎是战战告捷，自从1996年进入期货和证券市场以来，低买高卖，收获颇丰，因此被人们誉为："拉丁美洲股神"。

第四，他们都长期地持有股票。大家都知道，巴菲特所持有的可口可乐、吉列等股票的期限已经超过20年。平均来说，他手中所持有的那些股票年限，平均都在10年以上。巴菲特甚至这样告诉自己的同伴："如果你没有把一只股票在手中持有3年，那你就不要买它。"而埃卢则同样不喜欢短线，无论是商场上的并购还是股市上的投资，他都会做好长期持有的打算。就烟草行业的投资来说，他甚至已经成为菲利普·莫里斯的董事会成员。

144

巴菲特之前的外号是比较地方性的"奥马哈神谕"，他在金融界是个神话，多年来他俨然已经成为许多投资人的精神领袖。在过去的30年时间里，他的伯克希尔·哈撒维公司平均获利都在两成五以上，公司的股价也随之增长。到了2004年年底，巴菲特公司的股权是每股8.6万美元。

而埃卢的表现也毫不逊色。美国的《财富》杂志曾在2005年对埃卢初期所做的个人投资进行了一项统计，结果发现，埃卢在1982年以来收购的所有资产当中，除了已经抛售MCI的13.7%股票之外，其他所有公司的资产足足增值了30倍。

第五，两个人都是在危机中扭转局面的高手。巴菲特的原则是："大家都贪的时候，我们就要怕；等到大家都怕的时候，我们就要贪。"巴菲特的投资原则就是这样的，在某个大公司的股价跌到最低的时候，巴菲特适时地抓住机会进场。而埃卢也是同样的商业策略。就如我们前文说的一样，埃卢的两次重大机遇都是发生在墨西哥经济遭受危机的时刻。事实上，埃卢的父亲朱利安·斯利姆也正是在墨西哥大革命时实现的第一桶金，从而发展壮大斯利姆家族。如果说到这个世界上低买高卖的高手的话，那么埃卢和巴菲特之间的差距一定相差不大。

第六，他们都是世界上出手最大方的慈善家。2006年，巴菲特宣布将个人资产的80%捐赠给比尔·盖茨的美琳达基金会，其捐赠总额高达280亿美元。而埃卢则在2007年4月宣布，要在未来的4年里捐出100亿美元用于拉丁美洲的教育和健康事业。为了改善墨西哥城的生活环境，保护古文化遗产，埃卢甚至成立了专门基金会，出高价买下专家手中购买改造的计划书，然后免费提供给政府。

即使是这样，埃卢和巴菲特之间的交往也并不多，埃卢甚至没有把自己当成是纵横拉丁美洲股市的高手。当他知道自己被称为"拉丁美洲的巴菲特"时，他并没有因为这个头衔而感到兴奋，他在回答《商业周刊》记者采访的时候说："很多人都相信我是通过股市发财的，但事实却不是你们想象的那样。能够被称为巴菲特当然是件光荣的事情，可我并不十分了解股市，巴菲特则对股市非常精通。他是我一个非常尊重的人，但是很现实，从严格意义上来讲，我们并不属于一个行业；从本质上来说，他是一位天才投资家，而我，则更像一位经营者，当我选择收购一家公司的股票，我会从经营这家公司的角度做长远考虑，就在这一点上，我和巴菲特就大不相同"。

虽然埃卢认为自己和巴菲特所属的行业不同，但他却非常认同巴菲特的慈善做法。埃卢说：“财富的力量不在于捐赠，而在于使用。只有正确利用你的财富，它才会发挥更大的价值和意义。我不会像巴菲特那样拿出大笔的钱用于捐赠，道理很简单，像圣诞老人似的四处散财并不能从根本上解决贫困的问题。就像你可以跟别人分享你的红薯，但你没有必要把你的红薯地也送给别人。”

从2006年开始，埃卢就和巴菲特在全球财富排行榜上展开了赛跑。2007年3月《福布斯》杂志推出2006年全球的富豪榜，其中埃卢以490亿美元的资产排第三位，而巴菲特则以510亿美元的资产排在第二位。但是，短短的一个月之后，埃卢的资产便暴涨40亿美元，从而成为全球第二富豪。三个月后，埃卢旗下美洲移动公司股票价格的飞涨，其身家超过比尔·盖茨成为全球新首富。可此时67岁的埃卢对于首富一说，只是轻描淡写地说了一句：“我对首富的位置不感兴趣，股市会上涨，当然也就会下跌。”

埃卢虽然有着“拉丁美洲的巴菲特”之称，但他和巴菲特还是有所不同的。或许我们也可以这样来理解埃卢，在墨西哥，他是一位管理者；而在整个拉丁美洲，他则是一个天才投资人。

2. 让墨西哥学会上网

在前文我们曾经提到过埃卢收购普罗德公司的来龙去脉以及他

对网络的热衷。尽管在世纪之交经历了一场网络严寒，但对埃卢来说，那并不是地狱之门，而是通向天堂的转机，在逆境中把握机遇扭转乾坤一向是埃卢的天赋。

事实上，早在埃卢收购普罗德公司的时候，当时的普罗德公司在美国市场表现得不尽如人意，但埃卢对此没有太介意，商人的直觉让他在心里有了另一番小算盘：利用普罗德公司的网络技术和自己掌控的Telmex电话网络，将互联网业务引入墨西哥，然后将范围覆盖到整个拉丁美洲。

有了IT核心技术的保证，埃卢就开始大展拳脚整顿旗下的业务。在埃卢的一番努力下，普罗德公司的通讯部、墨西哥电话公司以及埃卢拥有20%股权的美国国际无线集团都被整合，打造成了一家闻名全球的卡尔索环球电信公司，顺理成章地成为了电信业的龙头老大。

埃卢这样大刀阔斧的整合很快就收到了前所未有的效果。短时间内，普罗德公司的网络技术就覆盖了整个墨西哥市场，而墨西哥电话公司也很快地成了拉丁美洲第一家能够提供ADSL宽带网络业务的服务商。又因为西班牙语和葡萄牙语的内容被增加进来，因此，更多的拉美消费者被网络笼络到一起，使埃卢的影响力日益增加。

从这里我们不难看出，在进入网络社会这个问题上，埃卢具有非常大的优势。光是卡尔索集团旗下的墨西哥电话公司和美洲移动电话公司所拥有的遍布全墨西哥的网络就足以解决线路的问题。虽然如此，但如果真想把墨西哥搬上网络，让墨西哥"学会"上网，确实需要埃卢费一番周折。

对于让墨西哥学会上网的首要问题，就是如何使计算机在墨西哥普及。如果我们把线路比作是网络社会的神经，那么计算机就可以比作是网络社会的神经元。如果一根神经没有了神经元，那么再强大的神经都形同虚设，正如普及网络一样，如果没有计算机，那么所有的网络就像是一个空架子。

当时的墨西哥，计算机就好比中国刚刚安装电话时候的大哥大，非常奢侈，虽然戴尔开创的直销模式降低了计算机的价格，但与技术先进的美国相邻的墨西哥，计算机仍然是个空白，很难去普及。据相关统计的数据显示，2000年，墨西哥的年人均收入不到2000美元，而当时一台计算机的价格恰好是2000美元。也就是说，一个墨西哥人在不吃不喝的情况下，也要用一年的存款才能买得起一台计算机。加之当时墨西哥的网络不发达，计算机对墨西哥人们来说是一种可有可无的东西，因此，在这种情况下普及计算机就是难上加难。

按照当时墨西哥《国民报》的说法，"埃卢显然不了解墨西哥人民当前的处境，当30%的墨西哥人每天的生活费用不到两美元的时候，我们实在想象不出计算机对他们到底有什么意义？更何况，他们根本负担不起这个奢侈品……"

但埃卢的看法却不同，他认为，在美国，1980年的时候计算机就开始进入美国人的生活，IBM这个庞大的商业机器和后来成立的戴尔公司正不间断地把更物美价廉的计算机输送到美国的千家万户，而普罗德和Comp USA这样的公司又将美国人直接带进了信息社会的大门。相比之下，如果墨西哥人不能尽快地跟上时代发展的步伐使用上计算机的话，那么他们就会在这场信息革命中再次远远落后于这位庞大又先进的邻居。而这次的这个差距会更大，更加无法弥补。

埃卢更加清楚，一人掌握的技术越多，那么他就越容易学习新的技术，反之，如果一个人在技术革命中落后，不及时学会、不及时赶上的话，那这个人就会以加速度的方式被甩得更远。

两年之后，在回忆如何解决墨西哥人认为计算机是奢侈品，没有能力消费的问题时，埃卢的神情中有着难以掩饰的骄傲。

埃卢曾经对自己的孩子说："我坚信，每当真主在我们面前提出一个问题的时候，他也一定在私下里准备好了一个答案，他就像是在和我们捉迷藏，希望我们能够自己找到答案。

用他的这种寻找答案的精神，埃卢提出了一个解决墨西哥人们普及计算机的提议。那就是卡尔索集团推出了一项庞大的"计算机普及"行动。根据卡尔索集团负责这次项目的负责人冈萨雷斯·福克斯的回忆说："在那段时间里，我们的工作目标只有一个，就是让更多的人了解计算机到底是什么……为了做到这一点，我们几乎想尽了办法，甚至每次跟朋友的聚会都发展成了计算机知识普及课。"

2000年的时候，卡尔索集团宣布，所有在卡尔索与计算机相关部门工作的员工都可以以超低价获得一台计算机，仅需缴纳1000美元的费用，即便是这1000美元，也可以通过分期付款或者是提供计算机技术培训的方式来缴纳。这项举措实施不到一年的时间，卡尔索集团就以低价向自己的员工出手了2.8万台计算机，不仅让员工接触了计算机，还让他们的家人和亲属对计算机业有了初步的接触。

当然，在给自己员工优惠政策的同时埃卢也没有忘记墨西哥偏远地区的人们。2002年，埃卢在得到墨西哥政府的支持后，联合其他墨西哥的工业巨头做出了大量的捐赠，先后捐赠了超过10万台计算机，从而实现了让墨西哥"每一个村子都用上了计算机"的目标。

实现了计算机普及后，埃卢就开始着手解决内容的问题。在内容问题上，他旗下庞大的企业再次发挥了巨大的合作优势。在埃卢的坚持下，普罗德公司开设了西班牙语版本，使得那些只懂西班牙语的墨西哥人也能通过网络来丰富自己的世界。

据说早在2001年的时候，埃卢的儿子曾经送给过他一台电脑，那时候的他，只会按开关机键，但埃卢说："我坚信，只要我坚持学下去，很快就会学会。我想，无论是网络还是计算机，就像下棋或者打高尔夫一样，只要你认真去学，很快就可以掌握。所以，无论是个人还是整个墨西哥，我们都不应该让计算机挡住了未来的道路。"

就这样，经过埃卢3年的努力，2004年的时候，墨西哥成了全球网络用户增加数量排名第二的国家，用户从2000年的几万增加到近3000万。从此，埃卢实现了将墨西哥网络化的目的，真正意义地把墨西哥搬上了网络，让墨西哥"学会"了上网。

3. 把墨西哥打造成人间天堂

墨西哥城气候宜人，四季如春，就像中国的大理古城，有着很多古老的文化古迹。而且，墨西哥的经济发展在拉丁美洲地区仅次于巴西，位居第二。但是，这样美好的墨西哥，在相当长的一段时间里，却一向都是落后的代名词。

大家都知道，虽然墨西哥的各方面发展迅速，但是墨西哥城的治理极差，除了西部的富人区，其他各区到处都是污水、垃圾，小商贩和乞讨者几乎占据了整个街道，他们在古老的墨西哥城遗迹旁边安营扎寨，大批的流动人口也都露宿街头。弄得整个墨西哥城乌烟瘴气，城市就像郊区一样，小偷横行，抢劫事件屡发不断，甚至在最高峰的时候大白天的一天发生18起抢劫案，人们都生活在一种没有安全感的环境中。

在这种环境下，有专家预测："由于墨西哥人的教育水平很难得到有效的提高，随着人口的不断增长和贫富分化的不断加剧，到了21世纪第一个十年结束后，整个墨西哥城甚至会沦为'人间的地狱'"。

这时，对墨西哥有着深厚感情的埃卢站出来了，他决定亲自出手找到墨西哥市政部门，表示自己愿意为墨西哥城的改造做出一些贡献。他希望自己有一个更好的生活环境，也不想让自幼生长的城市真的变成人们所说的"人间的地狱"。

埃卢在得到市政部门的支持后，不到一个月的时间，就组织成立了一个专门的"墨西哥保护组织"，在社会上出高价征集改造墨西哥城的建议和方案。在这次活动中，埃卢再次做出了引发极大争议的举动，就是邀请鲁道夫·朱利安尼做此次改造活动的咨询顾问，而此举的主角鲁道夫·朱利安尼就是纽约市前市长。

鲁道夫·朱利安尼早在就任美国纽约市长之前，就已经是政坛饱受争议的热点人物。他是美国共和党内部的红人，并且被认为是当时仅次于美国总统的政坛风云人物之一。在就任纽约市长后，他更是被媒体称为是"刚愎自用的咆哮暴君"，甚至还因为家庭不和谐的原因一度成为其他政敌们攻击的目标。真正让全世界人都知道朱利安尼这个名字的，还是2001年9月11日发生的那场恐怖袭击事件。那次事件让朱利安尼颠覆了以往刚愎自用的暴君形象，一下子成为了全美国人民寄托未来的大英雄。

虽然朱利安尼是一个备受争议的人物，但是他的管理天才可谓是一笔真正的财富，是自己的一个无价之宝。在朱利安尼担任纽约市长的8年任期内，他的表现可圈可点，而在市政管理方面，他更是有一套自己的方法。即便是在2001年12月他卸任之后，因为离婚案件几乎破产的朱利安尼，仍然没有自暴自弃，而是利用自己的神奇才能组建了一家咨询公司，并在不到两年的时间里，接到来自各界的订单超过千万。在这些过千万的订单里面，就有一件是来自埃卢的公司。

2002年11月，朱利安尼来到了墨西哥城，他见到了自己的新客户——埃卢。

早在来见埃卢之前朱利安尼已经做好了准备，可他还是没有想到自己的到来居然会遭到如此大规模的抵制。在朱利安尼到达墨西哥城的当天，大批的墨西哥人开始纷纷地游行示威，抗议墨西哥政府邀请美国人来做本国的咨询顾问，并且强烈要求朱利安尼"滚回纽约"，并且把这次事件的主要责任冠在埃卢的头上，称埃卢是"整个墨西哥民族的叛徒""要伙同美国人来跟墨西哥作对"。

尽管外界的质疑声和声讨不断，但当埃卢决定做一件事的时候，就会果敢地去继续下去。他说："我知道事情一定会伤害某些人，可我坚信经过这件事之后，墨西哥人会感激我的。"

随后，埃卢联系墨西哥城市政府，先后出巨资以每年480万美元的高薪邀请朱利安尼担任墨西哥城市发展的咨询顾问，希望能够借助这位天才前市长的大脑，来把墨西哥打造成为一个真正的人间天堂。

经过朱利安尼3个月的精心策划，终于给大家带来了一份让人惊喜的答卷。

朱利安尼在改造墨西哥城的方案中，巧妙地把企业的"情景管理"运用到社会管理当中，营造独特的气氛，通过氛围的改变来让人们的心理和行为发生微妙的变化。

朱利安尼曾经在改造纽约的时候在犯罪的高峰地段24小时不间断地播放莫扎特音乐，使那些地段的犯案率下降到30%。同样，他把那次改造纽约的经验用到了改造墨西哥上，他建议在案件多发的广场地区和公共交通工具上播放能使人心灵宁静的音乐，并间隔播放墨西哥的国歌，以此来减少犯罪分子的冲动，而且还可以大大地增进墨西哥人的民族凝聚力。另外，朱利安尼还建议墨西哥市政府减少税收，增加那些无业人员的就业机会，减少依靠社会福利生存的人数。他坚信"不以善小而不为，不以恶小而为之"的真理，他认为所谓的犯罪都源于不起眼的丑恶现象。为此，朱利安尼建议墨西哥城发动"提高生活质量运动"，规范市内的性用品商店，迫使全市的性用品商店之间的距离最少间隔150米。并且与学校、教堂和居民区相距最少150米。

除此之外，朱利安尼还建议墨西哥城市政府对那些流浪的乞丐严加管制，制定相关的法律政策，以此来打击四处游荡、扰人生活的乞丐们。

朱利安尼的改造政策一出世，就立刻受到埃卢和墨西哥市政府的赞誉，并准备立即按照方案打造全新的墨西哥城。可让埃卢没有想到的是，在这个历史性的时刻，拉丁美洲的恐怖组织放出消息，声称要帮助墨西哥的穷人主持正义，并放出"如果朱利安尼不离开墨西哥，很可能有被绑架的危险"的消息。无奈之下，朱利安尼只好仓惶地离开墨西哥回到美国，而这次声势浩大的"复兴墨西哥城"的举措也被迫终止，朱利安尼的方案也随着活动的终止而被搁置。

虽然，事情的进展并不尽如人意，但朱利安尼的建议还是给埃卢带来了无限的灵感，使他更加坚定了打造一个全新的墨西哥的决心，他要用自己的方式把墨西哥城变成一片净土，变成墨西哥人的人间天堂。因为他曾经说过："要热爱自己的家乡，如果你觉得它太贫穷、太落后了，那是你没有尽到你自己的责任，说明你没有尽到自己的义务"。

第八章　开拓自己的新边疆

1. 在鬼门关走了一圈儿的埃卢

虽然财富日益增加，埃卢的生活方式却没什么变化。他和妻子索玛娅养育有6个孩子，其中有3个儿子。而他父亲当年也有6个孩子，他在家中排行老五。但就是在这样平淡的幸福当中，生活却仍然有不如意的地方。

2000年，也就是埃卢60岁的时候，他曾经走在死亡的边缘，那时埃卢的妻子索玛娅病逝，他自己也做了一次心脏手术。妻子的病逝让他几乎丢掉了半条命，加之手术差点让他丢掉了性命，这无疑使埃卢在鬼门关走了一圈儿。

当时，虽然卡尔索集团严密封锁埃卢病重的消息，但2000年6月15日，埃卢生病的消息还是流传开来。

消息传出后，立刻在墨西哥引发了一场强大的股市动荡，墨西哥股市一落千丈，人们纷纷抛售卡尔索集团的股票，当时的媒体甚至把这次事件称作是"对墨西哥民族的一次考验"。

幸运的是，埃卢终于安全地走下手术台。这次手术让他懂得了生命与家庭的厚重，同时也让他意识到"把所有的责任放在一个人的身上对墨西哥是件很危险的事"。埃卢出院后，他在自己的家族里立下规矩："每个星期一晚上，所有的家人必须在一起共进晚餐。"

因此，术后便将"埃卢王国"的日常工作交给3个儿子打理，自己也决定慢慢从一线隐退，更多地投入到慈善事业中。手术的同年，埃卢开始进军互联网和个人电脑领域。但在当时，墨西哥电话公司在墨西哥仅有1000万电话用户，500万手机用户。有一半的墨西哥人没有能力租一条电话线，更不用说买电脑了。所以，埃卢的投资在当时还是有很大风险的。不过，埃卢对此毫不担心。他说："电话和因特网很快就到达那些最贫穷的地区，不仅仅是每个人一部电话，我们还要让他们都能用上网络电话。"他积极和墨西哥国家教育秘书处联系，要确保每个学校都至少有一部能上网的电脑。

他几乎把工作当成了一种本能需要，令人在对他的巨大财富羡慕之余，对他的干劲十足的敬业精神也不得不佩服。

2000年，埃卢的妻子索玛娅因肾病在墨西哥城去世。这给埃卢带来了沉重的打击，对他以后的生活状态产生了重要的影响。在埃卢看来，妻子索玛娅不仅美丽善良，还非常有涵养，并且生活节俭，结婚20年来很少会向丈夫要求额外的资助。这让很多人都难以相信她是墨西哥首富埃卢的夫人。

妻子索玛娅过世后，整整一年里，埃卢都沉浸在悲痛之中。此后，埃卢多年一直没有再娶。而跟索玛娅生活的那二十多年，被埃卢看作是自己生活中最幸福的时光。但是，这二十多年，是他事业发展的鼎盛时期，因此，他陪伴妻子的时间并不长，这也成了他一生的遗憾。这种感觉正如约翰·洛克菲勒说的那样："这个世界上再没有比家庭更重要的地方了，我们每个人都是从家里走出去，最后还是要回到家里来——真是可惜，我到53岁才明白这个道理。"

2004年，有墨西哥媒体把埃卢评价为"墨西哥最有价值的钻石王老五"。这让埃卢十分苦恼，他说："我想他们并不懂得我的感受，我始终感觉索玛娅并没有离开我，她还在！"

在鬼门关走一圈儿的埃卢不仅以他的顽强战胜了病魔，还取得了商业角逐的大胜利。这也许是上帝对天才商人的垂青和眷顾。

现年67岁的埃卢在过去14个月中疯狂入账230亿美元，刷新了十年来全球个人财富增长最快的纪录。折算下来，在2006年里，埃卢平均每小时进账高达228万美元。埃卢财富的陡增主要是由于他手中的股票价格一路飙升。据统计，墨西哥股市在过去的一年中总市值增加将近一倍，而埃卢名下企业的总市值占到当今墨西哥股市总值的近一半。

2. 天才商圣的答卷

在福布斯前不久公布的2011年全球亿万富豪榜中，又是埃卢

(Carlos Slim Helu)，这位来自墨西哥的电信大亨再度超越比尔·盖茨和沃伦·巴菲特，蝉联《福布斯》全球亿万富豪榜世界首富头衔。

"财富意味着创造更大财富的责任与承诺，不管是公共的还是私人的财富，都应当得到有效的管理，通过再投资促进经济的发展。"埃卢这样告诉《福布斯》杂志。如今，埃卢的财富达到了创纪录的740亿美元，完全可以称之为世界上最伟大的商人。

2006年，经过40年的辛勤耕耘之后，卡洛斯·斯利姆·埃卢终于向这个世界交出了完美的答卷。

根据《福布斯》杂志的统计结果，到2006年年底，这位出生于1940年的拉丁美洲富豪个人的资产已经达到了惊人的地步，再度蝉联拉丁美洲第一富豪，并成为世界上第三富有的人，而且，如果从财富增值的趋势来看，埃卢完全有可能远远超越比尔·盖茨成为这个世界上最富有的人。

就在2007年4月11日，世界富豪排行榜再次被埃卢刷新。根据《福布斯》和《商业周刊》等几家媒体统计的信息，截止到4月11日，也就是距上一次排行榜的公布不到两个月的时间里，埃卢的个人财产增加了40亿美元，总资产达531亿美元。顺利地挤掉了美国"股神"巴菲特，位列全球富豪排行榜的第二位，其地位直逼世界首富比尔·盖茨的560亿美元。

从产业的覆盖率来说，埃卢毫无疑义的是整个美洲最具影响力的人物之一。就像《商业周刊》上的文章所说的一样："2006年，埃卢斥资37亿美元收购美国威瑞森通信公司所有在拉丁美洲地区的非核心业务，从而将自己庞大的商业帝国范围扩大到波多黎各、多米尼加共和国。如今，埃卢遍布全美洲的通讯网络已经让他变成了这块大地最有影响力的人……整个美洲都在通过他交谈。实际上，人们也只能通过他交谈。"

而2006年年底，《福布斯》杂志也做了一项统计，结果发现：墨西哥上市公司总市值大约为3660亿美元，而其中居然将近一半都是埃卢旗下的产业。如果按照这个趋势发展下去，那埃卢恐怕真的会成为墨西哥的无冕之王。

当然，在埃卢享受财富带给他辉煌的同时，也引来了许多的争议。有人声称："埃卢这笔惊人的财富背后暗藏着许多没法示人的内幕，因为他积累财富的根据地是人均年收入低于6800美元、多数人生活贫困的国家。在这样的国家里，他的财富居然相当于墨西哥每年国民生产总值的7%。无疑是他将手伸进了墨西哥人民的腰包了，偷走了墨西哥！"

然而对于外界的这种批判，埃卢的表现则非常平静，他说："当你为了别人的意见而活，无异于行尸走肉。我不需要考虑他人是怎么看我的。"在接受《商业周刊》的采访时，埃卢曾明确地表示："我一点儿都不在乎财富排名，也无意当全世界最有钱的人。"

此时，人们才开始注意到，在埃卢从事商业活动的4年时间里，他的个人风格几乎从来没有改变过。其中包括每天14小时的工作、收藏艺术品、节俭的生活等等。在工作之余，埃卢喜欢抽味道浓烈的雪茄，并且经常抱着学习的心态与年轻人打成一片。

他秉承了家族传统，喜欢收藏艺术品，除了收藏了大量埃德加·德加以及克劳德·莫内的作品外，他还是世界上最著名的罗丹雕塑品私人收藏家，他还出资在墨西哥城捐助一家索玛娅历史博物馆，博物馆的名字是以埃卢妻子的名字命名的，足可以看出埃卢的重情重义。据说，埃卢的妻子索玛娅去世之后很久的一段时间里，埃卢都不肯相信妻子去世的事实，一直认为妻子还在自己的身边，只是出了趟远门。

在工作之外，埃卢非常低调，深居简出。埃卢把自己的月薪定为2.4万美元，用作个人日常花销。他不喜欢炫耀和奢侈，日常消费都在自己旗下的连锁零售店；他的手腕上总是戴着一只廉价的电子塑料手表；他没有私人飞机，需要时就用旗下墨西哥电话公司的飞机；他的座驾通常是梅赛德斯-奔驰车或雪佛兰Suburban。据埃卢的一位友人透露，在一次游历意大利时，埃卢竟然用了两小时时间讨价还价，直至将一条领带的价格砍少10块钱。

但另一方面，在关乎到拉美的命运的问题上，埃卢又表现得非常高调。

细心的人会发现，虽然自20世纪90年代埃卢开始进入美国市场，但除了Comp USA之外，埃卢在国际市场上大多数都是属于投资性质的活动。早在收购MCI的时候，埃卢就曾对外界宣称："我们对美国的市场经营并没有太大的兴趣，如果愿意的话，我们早就收购MCI了。"

事实上，埃卢不仅没有进入美国市场的打算，他还经常在接受《商业周刊》记者采访时候直接对美国政府的许多做法发起攻击。他认为，拉美之所以在新经济发展的过程中被亚洲和欧洲甩出很远，美国有着不可推卸的责任。

埃卢说："事实上，我觉得美国人这种做法就好像是请君入瓮。对于任何一个经济体制来说，想要实现持续性的发展，就首先需要保证其他国家的发展。同样地，如果美国的经济想要保持持续性的发展，它就应该首先关心拉美，只有将拉美带入现代社会，美国才能为自己的产品迎来源源不断的消费者。可美国却没有这样做。相比较来说，欧洲就不同。欧盟之所以能够实现长期持续性发展，原因就在于它把葡萄牙、匈牙利和波兰等传统意义上落后的国家都考虑在内了。这种做法会让欧洲市场在国际上变得更强大。"

"在这个问题上，美国应该向欧洲学习。如果美国能够帮助拉美国家实现发展，能够为这些国家和地区在教育、健康和基础设施等领域提供更多的帮助，他们就会为自己未来的经济发展打下良好的基础。第二次世界大战结束的时候，为了完成自己的发展，美国人曾经推行过马歇尔计划，以此来帮助欧洲国家完成复兴，现在他们也应该在拉丁美洲推行同样的做法。可是，他们显然没有这样做。”

事实上，他为美国政府承担了许多工作。埃卢不在乎自己首富的名誉和地位，不沉溺于物质享受，而是坚信“商业的目的就是改变社会”。他是这么认为的，也正用自己的实际行动来实践着自己的理念。

3. 埃卢——“我不会考虑退休的”

2010年8月6日，美国《财富》杂志证实，墨西哥电信巨子埃卢以590亿美元资产，取代微软创始人比尔·盖茨成为新的世界首富，超越比尔·盖茨的个人财富10亿美元，成为世界“新首富”。

墨西哥电信巨头埃卢的总资产大约相当于墨西哥每年经济产出的7%。在此之前，墨西哥人艾德华多·加西亚在自己创办的“共同感受”金融信息服务网站上，则骄傲地公布了埃卢超过盖茨，领衔世界首富的消息。按加西亚的演算，埃卢个人身家已达到678亿美元。

如今，70岁高龄的埃卢依然雄心壮志，他说：我的商业活动或许到了该停止的时候了，但我的人生还没有结束，在这个问题上，我永远不会考虑“退休”这两个字。

我们知道，当一个人的商业势力达到一定的高度的时候，那么他的影响力自然而然地就会展现出来。

自从2006年圣诞节过后，埃卢就开始刻意地淡化自己在卡尔索集团的影响力。从他的日程安排上来看，他在卡尔索工作的时间已经由以前的多于60%减少到现在的少于30%。

那么埃卢其他剩余的时间是怎么安排的呢？"一个人的财富越多，他对这个社会的责任就会越大，也就越应该去帮助他人。"正是在这种理念的引导下，埃卢决心把更多的时间和精力投入到慈善当中，并准备用他治理公司的经验来做好慈善。

就在埃卢减少在卡尔索的工作时间来做慈善时，有人传言，说埃卢是被挤出卡尔索集团的。但明眼人一看就知道，这只是个传言。首先，埃卢是卡尔索集团最大的股东，没有谁能够把他挤出卡尔索集团；其次，虽然埃卢在卡尔索集团的工作时间大大缩短，但卡尔索集团内部重大的决策还是由埃卢做出的。也就是说，埃卢在卡尔索集团并没有失去发言权和决策权。

埃卢跟《福布斯》杂志上的大多数排行榜富豪一样，在过去的三十多年职业生涯当中，一向被认为是工作狂人，有人甚至用"嗜血成性"这四个字来形容埃卢在商业活动中的果敢和绝情。

这样的埃卢，一时间很难让人相信他会用退休来打发自己的剩余时间。外界多方面质疑，他退休后的时间又会去开拓哪一片领呢？对于这个问题，他的儿子马尔科·安东尼这样回答大家："他的兴趣在于高科技，他希望了解人类未来的走向，希望能为卡尔索集团找到新的切入点。"

对于儿子的回答，埃卢本人也表示赞同。他曾经告诉记者，自己将会在接下来的日子里，把大部分的时间用在研究新科技、高科技上，希望能够为卡尔索集团的未来找到新的发展商机。因为，埃卢认为"未来的商业将在很大的程度上取决于一个人对于未来的前瞻性，不仅仅是对社会发展走向的前瞻性，而且还要考虑到科技未来的走向，毫无疑问，在未来的社会，科技将会成为决定一切的因素。"

的确如此，但如果分析一下埃卢最近的动向，人们就会发现埃卢投入时间最多的，除了新科技，还有慈善！而他所有的慈善活动，几乎都是围绕着拉丁美洲展开的。

自2000年成立"墨西哥城市历史保护基金会"之后，埃卢的大部分时间便用在了各种各样的慈善活动中。

在此期间，除了大量的直接捐赠之外，埃卢还动用自己在墨西哥社会的影响力来为墨西哥人谋求利益。人们不止一次地看到他不停地为墨西哥四处奔走，其投入的热情不亚于任何一次大规模的商业谈判。

2006年9月，在埃卢的极力倡议和努力下，墨西哥各派党魁、商界领袖与非政府劳工，在墨西哥查普德庇克小镇签署了《查普德庇克协议》，表示愿意通过公司部门的合作，推动墨西哥经济发展的计划，借此推动墨西哥的经济增长与对贫苦民众的投资。

在整个活动过程中，所有的墨西哥人都注意到埃卢在签署《查普德庇克协议》中所发挥的作用，而这一协议的签订也被人们认为是埃卢在政治上"向左转"的标志。埃卢公开向参加墨西哥总统大选的候选人呼吁，希望他们能够改善穷人的生活和教育条件，减少贫富间的差距。

埃卢说："在未来，我将不遗余力地为墨西哥创造更多教育和就业的机会……我相信，墨西哥如今所需要的是教育、投资、就业和经济增长。当今世界，相比其他任何事业，健康与教育更能表现公平的机会。"

这样一来，所有墨西哥的媒体开始纷纷猜测埃卢此举背后的含义。人们注意到，埃卢这种政治上"向左转"的思想跟他的垄断噱头作风可谓完全相反。有媒体这样描述埃卢，"他已经由嗜好高级雪茄的富豪转变墨西哥大众的代言人"；还有媒体宣称，"埃卢正在竭力地完成自己心灵的蜕变，在为自己十余年的垄断赎罪"；还有的评论专家们认为，埃卢最近走的"穷人路线"，是希望利用拉美富人与穷人间的"鸿沟"，赢得被看好的"左翼"领导人的信任，进一步扩张自己的商业权势。

对于外界所有的舆论，埃卢坚持自己的一贯做法。他说："他们的意见对我的做法毫无影响，无论他们支持与否，我都会坚持下去，要知道，这就是典型的埃卢风格！或许，他们现在质疑我，不理解我，但我相信总有一天，墨西哥会感谢我的！"

4. 新边疆之谜

从墨西哥到拉丁美洲，从雄心组建卡尔索到美洲电信的疯狂并购……经历了跋山涉水的努力，埃卢终于打造了自己的的商业航空母舰。在这庞大的商业帝国背后，我们是否能解开埃卢商业帝国新边疆之谜呢？

埃卢一直有雄心和信念用财富改变墨西哥甚至拉丁美洲，并且也为之付出努力。

在卡尔索集团2006年的年度大会上，埃卢宣称："在未来的几年中，我将毫不犹豫地在消除拉丁美洲地区贫困和促进拉丁美洲社会发展的过程中，扮演重要的角色！"埃卢关注贫民的活动在未来的步伐会更大。

任何一位企业家，无论取得了多大的成就，都不可能脱离自己所在的社会环境，所以，要想真正的理解埃卢的做法，真正破解埃卢的"新边疆之谜"，或许我们还是应该更多地了解一下如今拉丁美洲的社会思潮。

在当前拉丁美洲的政界，最引人注目的一种现象就是左翼政党纷纷上台。到2004年11初乌拉圭左翼联盟赢得大选为止，左派力量已经先后在委内瑞拉（查韦斯）、巴西（卢拉）、厄瓜多尔（科雷亚）、智利（巴切莱特）、尼加拉瓜（奥尔特加）、玻利维亚（莫拉莱斯）等国掌权。这一现象曾被美国媒体宣称，"如今的拉丁美洲已经是共产主义的拉丁美洲了"。

在所有左翼领导者中，最为典型的就是委内瑞拉总统查韦斯。自从1998年就任总统以来，查韦斯就明确表示"忍饥挨饿的人民没有民主"，于是下定决心要改变委内瑞拉人忍饥挨饿的生活。他一方面破除自由市场制度，大力加强政府的调控作用，另一方面是抵抗美国的外交政策，坚持对美国的控制说"不"。

虽然这些左翼领导者们在解决本国的发展问题时所采取的方法各不相同，但他们都有一个共同点，那就是要最大限度地消除贫富差距，发展新自由主义的经济改革；反对美国封锁古巴；要求惩治腐败、恢复民众权益。

对于这个问题，埃卢显然与总统查韦斯有着同样的观点。他的目光并没有仅仅局限于墨西哥。除了要为墨西哥创造更多的机会之外，近年来，他还在拉丁美洲各地不停地奔走，希望能够找到新的机会，把钱用到最需要的地方。

如果把财富比喻为一座金字塔的话，那么埃卢就站在金字塔的最高点，如果没有整个墨西哥人在底层的支撑，再高的金字塔也会因为地基不稳而垮掉。一个社会得以存在，正是因为有了广大的底层民众，千千万万的底层民众，支撑着金字塔顶端为数不多的人物。埃卢的财富正是建立在墨西哥人民的财产之上，他们才是企业真正的衣食父母，他商业的最大利润正是来自于底层民众。

《金字塔底部的财富》一书的作者密歇根大学教授普拉哈拉德试图寻找根除贫困的方法。他发现，真正的穷人同时也是具有价值意识的消费者。穷人、民间社会组织、政府和大企业之间的合作，能够开创世界上最大的、增长最快的市场。这是一个双赢的游戏，利用商业力量来消除贫困，同时让具有企业家精神的人获得财富。

普拉哈拉德教授最有价值的观点是：用商业方式消除贫困，把穷人转变成消费者，可以给他们带来"尊严与选择"。当穷人转变为消费者时，他们得到的比产品和服务本身更多。他们从私营部门那得到了选择，获得了尊严。普拉哈拉德也指出，"要让这种模式发挥作用，一项艰巨的任务是消除大企业和穷人市场消费者彼此的不信任。商业可以消除贫困，同时也可以创造财富。"

自2001年起，墨西哥政府开始在五个州试办"大众医疗保险"计划。计划规定，联邦政府承担保险基金60%的资金，州政府出资35%，投保人仅需要支付其余的5%。所有农民和无固定职业者都可以自愿投保，各个家庭根据各自的收入，每年交纳65~1000美元不等的保费，一家老小就能享受大众医疗保险提供的医疗服务。投保家庭中最贫困的20%可以免纳保险费用。

2004年，墨西哥政府在原有的社会保障体系基础上，正式在全国推广"大众医疗保险"。虽然墨西哥的医疗改革举动尚在起步阶段，但这种全民医疗保险模式，却是一种保护贫困百姓的有效方式。整体看来，"大众医疗保险"计划的中心思想就是：富人帮穷人。健康人帮助病人。因此，在这项计划推行后，将有大量的贫困人口得到实惠。

但是对于大量贫困人口来说，他们甚至连保险费都交不起。这项计划中仅有20%的最贫困人口可以免交保险费，这意味着还有大量交不起保险费的贫困人口还是不能获得医疗保障。

在这个至关重要的时刻，埃卢出现了，他责令他的基金会将墨西哥贫困人口的医疗保障事业纳入计划。此举受到广大人民的热烈欢迎，以至于有的政治评论家跳出来说，埃卢已经渐渐走向"左派"，至少他已渐渐受到"左翼思潮"的影响，主张与穷人一起分享利益。甚至连英国的《每日电讯报》都标出"令全世界感到惊讶"的这一说法。

有人认为，埃卢虽然在做慈善事业，但对于保护自己的垄断地位则是不遗余力，因为通过垄断获得的商业利润远比捐出来的钱多得多。不仅如此，他还在竭力地扩大自己的垄断范围。有人甚至认为，埃卢此举是为了联合拉丁美洲各国的政治势力来为自己的商业利益获取利益，从而将自己的帝国版图扩展到整个拉丁美洲地区。如果我们从埃卢最近在巴西的一系列商业举措来看，这样的评论似乎也并不是毫无道理。

但是，埃卢依旧不会理会这些舆论，他只是在做自己该做的事情，在他看来，让大量的贫困人口获得医疗保障，自己获得财富，这本身也是一种改进社会的方式。

华盛顿欧亚集团的拉丁美洲分析专家帕梅拉·斯塔尔说："埃卢的确捐出了不少钱，对于那些本来就认为应该加强政府对市场干预的拉丁美洲领导来说，通过埃卢来调节市场也未尝不是一件好事。"也有人认为，埃卢是在散财，通过散财来达到自己的商业目的。而埃卢说："我并不是在散财，我是把金钱作为一种调配社会资源的方式，用钱来让人们做一些真正有用的事情，这才是我想做的。"

埃卢真的在试图建立一个庞大的拉丁美洲商业王国吗？如果埃卢真的想要通过自己的财富把整个拉丁美洲国家结为一体，通过拉丁美洲的30多个国家联合的力量来改变世界总人数8.5%的人命运，那么这样做会对他的商业帝国有什么影响？他的左翼行为是否会影响到他在美国的商业利益？当他的慈善行为影响到自己的商业利益时，他会做出怎样的选择？他的商业帝国又在这整个过程中发挥着怎样的作用？他将如何协调自己在美国的商业利益与在拉丁美洲的政治利益之间可能产生的矛盾呢？他是否会动用自己在美国及世界其他地区的商业势力来推动自己在拉丁美洲的慈善活动？他这样做的根本动力又是什么呢？

对于外界的一系列猜测，埃卢没有做出任何解释，他还是坚持自己的做法，并在2007年4月宣布自己将再捐出100亿美元用于拉丁美洲的慈善活动。

2007年4月，《纽约时报》报道的一篇文章中说，"埃卢真的要通过自己庞大的财富杠杆来改变拉丁美洲人民的命运吗？"

如果真的是这样，那么埃卢还有很漫长的道路需要去走。那么这条道路在未来会有什么精彩的片段，我们就不得而知了。

这位墨西哥的黎巴嫩移民，大胡子的阿拉伯人埃卢不仅有惊人的商业智慧，更有常人做不到的胸襟和气魄。关于埃卢的新边疆之谜，让我们拭目以待！

附

录

埃卢生平

卡洛斯·斯利姆·埃卢1940年1月28日出生于墨西哥城，毕业后成为一名数学教师。父亲朱利安·斯利姆曾是干果店铺"东方之星"的老板。后来，在墨西哥暴民和叛军打劫时期，在墨西哥投资经商的美国人、德国人、西班牙人、阿拉伯人和土耳其人都遭受到不同程度的财产损失，无奈之下，他们相继撤出了墨西哥。这时，埃卢的父亲朱利安·斯利姆以超低的价格，从其他旅墨商客手中收购了大量位于墨西哥城中地理位置优越的几处房产，尤其是在西班牙殖民时代留下来的旧建筑，不料却因此次投资地产而发迹。在父亲的耳濡目染和鼓舞下，卡洛斯·斯利姆·埃卢从小就对投资表现出极其浓厚的兴趣。

仅仅11岁的卡洛斯·斯利姆·埃卢就开始了人生的第一笔投资——购买国债。上世纪80年代，卡洛斯·斯利姆·埃卢在父亲的要求下，脱离教师职业，开始接手掌管父亲的家族生意，开始在地产项目上大展拳脚。投身商业后，埃卢用其独有的商业敏锐感知能力，抓住了在期货市场上的机会，另外，他还投资过一个啤酒瓶生产项目，这两项生意都为他赚取了非常可观的收益。在迎娶了墨西哥制鞋业很有名气的达米特先生的女儿索玛娅·贾梅耶后，埃卢成立了卡尔索工业集团公司。此后，埃卢对投资显得十分热衷：大肆收购经营不善或股票被严重低估的企业，通过对管理人员和企业机制的调整与改造，转亏为盈。

20世纪90年代，埃卢以1760万美元买进了墨西哥电话公司，这为他跻身亿万富豪奠定了坚实的基础，也为他赢取了"拉美的沃伦·巴菲特"的美誉，让他仅用了16年时间就爬升到《福布斯》2006年富豪榜第三名的位置。依据旗下上市公司的市值，截至2008年7月底，埃卢的个人资产总值已经达到590亿美元，从而一举攀升至全球首富。与此同时，曾经长期占据全球首富宝座的比尔·盖茨则滑落至第二位，他的个人资产总值预计至少为580亿美元。考虑到埃卢的个人资产仍在持续增加，而盖茨正在出售其最主要的财富来源——微软股票，他的世界首富地位有望更加稳固。2010年以来，埃卢的个人资产总值增加了120亿美元。2010年埃卢位居福布斯富豪榜榜首，2011年埃卢以740亿身家再次登上福布斯富豪榜榜首。

埃卢年表

1940年1月28日，出生于墨西哥城一个黎巴嫩移民的家庭。

1951年，埃卢首次尝试投资，那时他11岁，他进行了人生的第一笔投资——购买了一批国债。

1952年，他的父亲就给他一笔约合20美元左右的资金，而埃卢很快就让这笔钱升值了数倍。

1955年，15岁时，已成银行股东。

1957年，17岁的时埃卢已经学会了炒股，同年进入墨西哥自治大学。

1961年，埃卢从墨西哥国立自治大学土木工程系毕业，曾当过一段时间的数学老师。

1962年，兴趣让他并笔从商，埃卢即接手父亲的生意。之后，在墨西哥城当上了股票经纪人。

1980年，埃卢在墨西哥城创立卡尔索集团，成为拉丁美洲工业联合体的典范。

收购采矿公司恩普列萨斯·弗里斯科；收购铜制品公司Industri纳科布工业；部分收购纳科布工业公司；收购零售及餐饮连锁集团

桑伯恩的大部分股份。

1982年，墨西哥遭遇外债重压而出现严重的经济危机，货币疯狂贬值，外资纷纷撤离，国内绝大多数投资者也退避三舍。而此时的埃卢则以极低的价格收购了许多濒临破产的烟草企业和餐饮连锁公司，并最终成功地将它们扭亏为盈。

1990年，卡尔索集团在墨西哥证券交易所公开上市。即便是在成为一家上市公司后，埃卢和他的直系亲属仍然持有60%~65%的股份。

收购建材制造商博莎兰尼大部分股份，并最终将其整合为卡尔索集团的全资子公司。

1990年12月，卡尔索集团联合国外两家电信巨头以17.6亿美元的价格收购了墨西哥电话公司20%的股份。

1992年，卡尔索集团斥资2.64亿美金收购了康达麦克斯集团51%的股份，并随即将持有的股份增加到96%。

纳科布工业收购了墨西哥最大的铝制品公司铝业集团78%的股份——不久之后，卡尔索集团在纳科布工业所持有的股份比例增加到了98%。

1994年，在美国设立东方之星控股公司。

1996年，以接近2.5亿美元的价格从IBM和希尔斯罗巴克手中收购了普罗德在线服务。

1997年，卡尔索集团直接从西尔斯罗巴克的美国总部收购了希尔斯·罗巴克墨西哥分公司60%的股份。

2000年，进入美国计算机零售市场，投入8亿美元收购北美最大的电子产品和计算机相关产品经销商Comp USA，并将其变成卡尔索集团的100%控股的子公司。

2001年2月，埃卢收购了美国最大的电脑零售商Comp USA，一个月后他又跟微软合作，启动了他预计会成为北美和南美最大的西班牙语网站。这都是他成为全球网络运营商所采取的步骤。

2002年，以4亿美元收购了MCI债券，并在MCI重新上市后将其转为公司股票。当时，埃卢的财富已经达到110亿美元，成为墨西哥甚至是拉美的第一富豪。

2005年4月，埃卢将手中持有MCI的股票出售给威瑞森公司，身家暴增11亿美元。

2007年3月，他以490亿美元的身家位列《福布斯》富豪榜第三名的位置。

2007年4月，身家超过沃伦·巴菲特，成为世界上第二富有的人。

2008年7月底，依据旗下上市公司的市值，埃卢的个人资产总值已经达到590亿美元，从而一举攀升至全球首富。与此同时，曾经长期占据全球首富宝座的比尔·盖茨则滑落至第二位，他的个人资产总值预计至少为580亿美元。考虑到埃卢的个人资产仍在持续增加，而盖茨正在出售其最主要的财富来源——微软股票，他的世界首富地位有望更加稳固。

2010年以来，埃卢的个人资产总值增加了120亿美元。同年，埃卢位居福布斯富豪榜榜首。

2011年，埃卢以740亿身家再次登上福布斯富豪榜榜首。